Bibliografische Information der Deutschen Nationalbibliothek:
Die Deutschen Nationalbibliothek verzeichnet diese Publikation
in der Deutschen Nationalbibliografie;
detaillierte bibliografische Daten sind über http://dnb.dnb.de ab-
rufbar.

Herstellung und Verlag: BoD – Books of Demand.

ISBN: 9783751903332

Die Erzählung „Margarethe" nimmt die Thematik „Faust - Gretchen" aus „Faust I" von Johann Wolfgang von Goethe auf und stellt sie unter Hinzufügungen und Weglassungen in eine undefinierte Zeit des 20. Jahrhundert.

Diese dramatische Geschichte hat sich oft vergleichbar wiederholt und wurde wieder und wieder Vorlage für Romane, Schauspiele und Filme.

Junges Mädchen lernt Mann kennen, große Liebe entflammt, ein oder mehrere „Erwachsene" wollen „Schlimmeres" verhindern und in angeblichem Verantwortungsbewusstsein boykottieren sie die junge Liebe, überschätzen dabei ihre Macht und beschwören das Unheil für alle Beteiligten herauf. Am Ende siegt das große Unglück und alles „Gutgemeinte" versinkt im Chaos. Besorgte Elternteile, religiöse Konventionen, Eifersüchteleien, Geld- und Machtgier müssen am Ende vor der Macht der Liebe kapitulieren oder die Liebenden enden in Tod und Verzweiflung.

5

6

Margarethe

Thorolf Kneisz

Cover - Gestaltung: Th. Kneisz

8 neu

DIE BEGEGNUNG

Der Marktplatz einer kleinen mittelalterlichen Stadt mit seinen lieblich anmutenden Fachwerkgiebeln, bunt bemalt, mit roten Ziegeln bedeckt und den Rauchwölkchen, die sich aus den kleinen Schornsteinen in die kühle Morgenluft kringelnd emporwinden, ist der Schauplatz des folgenden Zusammentreffens dreier Menschen. Frühling ist es und der Sonntagmorgen wartet auf die ersten Sonnenstrahlen, um die Kühle der Nacht zu beenden, den Tau auf den Blumenrabatten und die Wasserlachen, die der nächtliche Regen auf den Straßen und Plätzen hinterlassen hat, aufzulecken.

An der Stirnseite des Marktplatzes befindet sich das größte und wichtigste Bauwerk der Stadt - die alte ehrwürdige Kirche, die schon Hunderte von Jahren steht und jeden Bewohner dieser Stadt in seinen guten und schlechten Tagen kennengelernt hat. Zur Heimat ist diese Stätte geworden für die vielen, die fromm ihrem Herrn dienen. Sie wirkt zu groß für das kleine Städtchen. Früher einmal war sie Mittelpunkt eines großen Klosters und hatte damit die Berechtigung, groß und die gesamte Umgebung beherrschend zu sein. Jetzt thront sie wie ein Koloss mit ihren den Raum der Stadt bestimmenden beiden hohen spitzen Türmen, die sich wie drohende Finger in den Himmel recken. Die Klostergänge und das wunderschöne Gärtchen inmitten des Geländes werden nicht mehr von ergeben ihrem Gott dienenden Mönchen gepflegt. Die einfachen Menschen sind es, die sich der Blumenrabatten und Hecken angenommen haben, in ihnen spazieren und ausruhen, um Kraft und Lust für den nächsten Tag zu schöpfen.
Man flüchtet heute wie in allen vergangenen Zeiten mit seinen Sorgen zum Altar mit dem am überdimensionalen Kreuz

hängenden bunt bemalten Erlöser, lässt sich seine Sünden vergeben und macht sein Gewissen frei für neue - geplante und nicht geplante.

Nach wie vor wird hier neues Leben in den Kreis der Frommen aufgenommen und altes, verwelktes Leben feierlich verabschiedet.

Auch an diesem Sonntagmorgen erledigen sie alle, zumindest die meisten von ihnen, ihre Andacht. Hier wird die graue Masse zum Ganzen, zu Einem. Hier wird für einige Momente der Alltag abgelegt und eingetaucht in den großen Chor der Vereinheitlichung vor dem Vater, dem Sohn und dem Heiligen Geist.

Nach der inneren Erbauung, nach den Chorälen, die die Herzen im Takt mitschwingen lassen, schwirren sie auseinander wie die schlanken, dicken, hungrigen und satten Fische nach der Predigt eines Heiligen Antonius. Ein jeder verkriecht sich zurück in seine eigene kleine Welt, in seine Höhle, in seine ungelösten Probleme, in seine Schmerzen, in seine Neugier, in seinen Hass und manches Mal auch in seine Liebe.

Dieser zentrale Ort der Gemeinschaft, der so oft der Schizophrenie zum Opfer fällt, das Gute zu wollen, aber das Böse zu fördern, wird zum Ausgangspunkt der Geschichte um ein Menschenpaar, zum Auftakt des schüchternen Entzündens menschlicher Zuneigung.

Durch die Mauern und Fenster des riesigen Bauwerkes dringen die kräftigen Schlussakkorde des Orgelchorales in die friedliche Stille des Marktplatzes. Nicht, dass sie die Ruhe der Stadt stören, aber sie wirken dissonant im Wechselgesang mit den zarten Vogelstimmen, die aus den Baumkronen heraus versuchen, sich mit ihrem Gezwitscher dieser Übermacht an Klang entgegenzustellen.

Noch versteckt sich die Sonne hinter dem gewaltigen Kirchenschiff und lässt die bunten Kirchenfenster in einen Glanz von

Ewigkeit tauchen und den begonnenen Tag nach ähnlichen, wenn auch kaum erreichbaren Farben drängen. Wenige Sekunden herrscht Ruhe bis die Kirchenglocke ertönt, erst leise aber von Schlag zu Schlag an Macht zunehmend.

Auf dem Markplatz sind zwei Männer aus einer der schmalen Gassen erschienen. Vielleicht wurden sie angelockt durch die tönende Kirchturmglocke, vielleicht auch nur, um den kühlen Morgen in seiner Frische zu genießen. Beide sind elegant gekleidet und mögen etwa dreißig Jahre alt sein.

Der eine der beiden fällt auf, weil etwas an ihm ungewöhnlich bunt ist, aber er ist ebenso wie der andere im hellen eleganten Anzug bekleidet aber mit rot leuchtender Krawatte und sauberen weißglänzenden Schuhen. Ob es Hemd, Krawatte, Anzug, Schuhe oder gar der lange Schirm ist, den er über dem Arm gehängt schlenkernd mit sich führt - irgendwie passt eines nicht zum anderen. Außerdem fällt auf, dass sein roter Backenbart eine Rasur dringend nötig hätte. Alles in allem, sein Anblick lässt unwillkürlich einem das Schmunzeln in die Mundwinkel fahren. Der Zweite dagegen wirkt in seiner Eleganz einem Modejournal entsprungen. Groß von Statur, lässig sein Gang, sauber rasiert, mit langem Haar, das seine Ohren umspielt und sich über dem Kragen seines Anzuges wellenförmig ausbreitet. Man möge sich das Mädchen vorstellen, dass nicht ein zweites Mal bei einer solchen Erscheinung hinschaut.

Die beiden schlendern von der einen zur anderen Seite des Platzes, bleiben vor einem Schaufenster stehen und schauen sich gelangweilt ohne erkennbares Interesse die Auslagen an. Sie erreichen den großen Brunnen, den drei Schwäne mit Wasser füllen und bleiben mit den Fingern im klaren Wasser spielend an der Brunnenmauer stehen.

Der Buntere steht mit Blick zur Kirchentür, die sich öffnet und die Schar der noch andächtig Verklärten ins Freie entlässt. Bestimmt hat er keinen Grund, sich zu verstecken, aber es drängt ihn, den Freund in den Sichtschatten der Schwäne zu schieben, um sich damit dem Blick der Stadtbevölkerung zu entziehen. Beobachten ist schöner als beobachtet zu werden. Alle, die da aus der schwarzen Öffnung des riesigen Bauwerkes an das Tageslicht strömen, sind sonntäglich gekleidet, die Herren vornehmlich in ihren besten Anzügen. Bei einigen kann man vermuten, dass alle Säume und Reserven eines einstigen Tanzstundenanzuges zum Anpassen an die veränderten Körpergrößen ausgeschöpft wurden. Anders bei den Damen. Hier ist schon eher aktuelle Mode zu erkennen. Viel Eleganz in Grau und Schwarz ist zu sehen, nur wenige bunte Farben, denn man möchte keinen Grund zu Klatsch und Tratsch geben. Alle strömen über den Marktplatz in die unterschiedlichsten Richtungen. Nur kurz bilden sich kleine Gruppen, die sich voneinander verabschieden, sich einen schönen Sonntag wünschen oder, was bei einigen der Männer zu vermuten ist, gemeinsam in eines der Wirtshäuser zu gehen, um dort in aller Gemütlichkeit die Zeit zu überbrücken, die die Frauen benötigen, um das Sonntagsmahl zu bereiten.

Die Letzten sind verschwunden und der Marktplatz ist von gleicher Einsamkeit wie vorher. Stiller sogar, denn Kirchenglocke und Orgel sind verstummt. Die Sonne ist über die hohen Giebel der Kirche geklettert und beginnt ihr Tageswerk, jeden Baum, jeden Stein und jeden Menschen mit Licht und Wärme zu überschütten.

Die beiden Herren sind interessiert, die Kirche anzusehen, denn die mittelalterlichen Glasfenster haben hohen Bekanntheitsgrad und sind vielbesprochenes Thema eines jeden Reiseführers.

Noch bevor sie sich in Bewegung setzen, entdecken sie, dass sie keineswegs allein auf dem Marktplatz sind.

Ein Mädchen, schon mehr junge Frau, kommt ins Spiel oder anders gesagt, mit ihr kommt das „Spiel" in Gang.

Sie fühlt sich unbeobachtet und die beiden Herren treten diskret zurück hinter einen der großen Schwäne, um nicht gesehen zu werden - aber beobachten zu können.

Ihr Gesicht strahlt natürlichen Liebreiz aus. Sie ist jung, sehr jung, vielleicht siebzehn Jahre, auf keinen Fall bereits zwanzig. Das blonde lange Haar hat sie zum Kirchgang wie üblich, nein, um der Konvention zu gehorchen, aufgesteckt und mit einem schmalen Band zusammengehalten.

Sie trägt ein sehr strenges graublaues Kostüm mit leicht taillierter Jacke. Der enge knöchellanger Rock betont ihre schlanke Figur. Das Kopfband und die halbhohen Schuhe sind von etwas dunklerem Grau als die Farbe des Kostüms, unter dem sie eine weiße, klassisch streng geschnittene Hemdbluse trägt. Trotz aller Strenge der Bekleidung ist ihre Kindlichkeit nicht zu leugnen.

Als sie aus dem Kirchentor trat, bemerkte sie erstaunt, dass sie allein auf dem großen Marktplatz ist. Sie hat sich noch die Beichte abnehmen lassen. Sehr schnell ging das, so schnell, dass sie noch das Bedürfnis verspürte, vor ihrer Lieblingsstatue in einem der Seitenaltäre, ein kleines Gebet kniend zu sprechen, während die anderen die Kirche eilig verließen. Sie empfindet wohltuend die aufkommende Wärme des Frühlingsmorgens, denn in der Kirche war es kalt und sie fror, dass ihr die Zähne bei den Gebeten aufeinanderschlugen und sie über sich selbst lachen musste. Nun umfängt sie der Feiertag in seiner angenehmen Sorglosigkeit. Sie hat den Drang, sich zu recken, die Glieder zu strecken, sich Bewegung zu verschaffen, innerer Freude Ausdruck zu geben. Sie zieht sich die Jacke aus, knöpft sich die oberen beiden Knöpfe ihrer Bluse auf und beginnt, wie ein Kind über zwei kleine Pfützen, die der nächtliche Regenschauer hinterlassen hat, zu hüpfen. Ihre Jacke schlenkert sie dabei um sich herum. Sie wird sich ihres

Übermutes bewusst und schaut ängstlich um sich, jemanden zu suchen in der Hoffnung, niemanden zu finden, der ihre Kinderei beobachtet haben könnte. Natürlich, wie sollte es anders sein, treffen sich zwei Blicke. Der Elegantere von beiden, er soll bei dieser Gelegenheit mit dem Namen Heinrich F. vorgestellt werden, fasst im Moment des Blickkontaktes den Mut, diese Schöne anzusprechen, ihr vielleicht zu sagen, was sie soeben für ein reizendes Bild abgab - oder sollte er sich für die heimliche Beobachtung ihres Kinderspieles entschuldigen.

Er nähert sich ihr bis auf zwei Schritte und treibt der Erschreckenden die Schamröte in die Wangen. Der andere, der buntere, bleibt diskret hinter dem Brunnen versteckt.

Sie steht wie angewurzelt vor dem fremden Mann - sprachlos. Man hat sie beobachtet, man hat sie einfach angesehen, man schaut ungeniert weiter auf sie. Sie fühlt sich wie entblößt. Sie muss etwas tun, sie kann nicht einfach so stehenbleiben und warten, was noch passieren soll. Instinktiv zieht sie ihre Kostümjacke an und streicht sich die kleine Locke aus dem Gesicht, von der sie nicht einmal weiß, ob sie sich schon wieder, wie es ihre Angewohnheit ist, aus der widerspenstigen Frisur gelöst hat. Sie überlegt blitzschnell, flieht sie in die Gasse nach rechts oder in die Gasse nach links. Bevor sie die Entscheidung treffen kann, geschieht das wohl Unvermeidbare.

Der Herr kommt einen weiteren zwei Schritt auf sie zu.

Sie durchblitzt der Gedanke, dass dieser Fremde bestimmt ein Gelehrter ist und sie hoffentlich nur nach dem Wege fragen wird. Weiter kann sie nicht denken, denn nun muss sie parieren. Der vornehme Herr entschuldigt sich nicht, fragt nicht nach dem Weg und macht auch keine Komplimente.

Lächelnd spricht er sie an:

„Mein schönes Fräulein, darf ich wagen, meinen Arm und Geleit Ihr anzutragen?"

Sie schaut ihn an, überlegt kurz, woher ihr diese Worte bekannt sind, entdeckt schnell ihren Ursprung und stellt insgeheim für sich fest, dass der junge Herr zwar sehr gebildet sein muss, aber dass ihm nichts Eigenes einfällt und er auf Zitate zurückgreifen muss, ist doch etwas schwach.

Diese kleine Enttäuschung nimmt ihr etwas von der Scheu, macht ihr Mut, so dass sie das begonnene Spielchen mitspielt. Mit einem kecken Unterton, aber ohne eine Miene zu verziehen oder gar ein Lächeln aufkommen zu lassen, nimmt sie das Zitat auf und pariert mit dem auf diese Worte folgenden Text:

„Bin weder Fräulein, weder schön, kann ungeleitet nach Hause gehn."

Sie bemerkt das überraschte Zucken im Blick des Unbekannten und hat sofort das sichere Gefühl, so absolut ins Schwarze getroffen zu haben, dass es sie stolz macht, stolz und viel erwachsener als sie sich noch vor Sekunden fühlte.

Beide schauen sich an, als würden sie auf den Einsatz eines Dirigenten warten, um über den gelungenen Scherz lauthals zu lachen. Wie erleichtert fühlen sich beide, dass dieser Einsatz kommt. Nur woher? Er ist plötzlich da. Etwas in ihren Blicken muss ihre Herzen synchronisiert haben und lässt sie loslachen. Zwei Menschen, die sich noch nie begegnet sind, freuen sich über einen kleinen Scherz und in diesem Lachen beginnt sich in ihnen etwas zu verbinden, eine erste Gemeinsamkeit, ein Anfang.

Beide fühlen sich im Ausklingen ihres Lachens erleichtert. Er schaut sie an. Sie schaut ihn an. Sie schweigt und dem jungen Herrn hat es die Sprache verschlagen vor Verwunderung - oder Bewunderung. Der junge Herr steht vor diesem Mädchen, von dem er nichts weiß, als dass es wunderschön ist, und bleibt sprachlos

Er schaut in ihre Augen, schaut auf ihren Mund und ist zu keiner weiteren Reaktion fähig. Ihr Anblick und das kleine witzige Wortspiel haben ihn zur Fassungslosigkeit überrumpelt. Sie schweigen sich an für zwei, vielleicht auch drei lange Sekunden. Ohne zu überlegen, öffnen sich ihre Lippen ein wenig und lassen einen schmalen Streifen vom Weiß der Zähne sichtbar werden. Ein Lächeln, ein freundliches Lächeln, gepaart mit einem winzigen Anflug von Spott, strahlt ihm entgegen. Sie lächelt dieses Lächeln, dreht sich flink um, macht eine etwas zu forsch wirkende Bewegung mit der linken Schulter und läuft davon, nicht hastig, aber sie läuft mit dem Bewusstsein einer Frau, die weiß, dass der Blick eines Mannes sie verfolgt. Sie fühlt einen bisher unbekannten Stolz, als wäre sie geweckt aus einem Schlaf, den nur Kindlichkeit kennt. Sie fühlt, etwas mehr Frau geworden zu sein oder zumindest zu werden.

Die Schöne verschwindet in einer der Gassen unter dem Zwang, sich nicht umzuschauen zu dürfen.

Ein begossener Pudel steht nun inmitten des Marktplatzes einer kleinen verträumten Stadt und schaut dem Entschwinden eines Traumes nach. Er schaut ihr nach, fühlt sich außerstande, irgendetwas zu tun, sie aufzuhalten oder ihr zu folgen. Ihm ist, als würden sich nichterahnte Himmel vor ihm auftun. Unfassbares geschieht mit ihm. Kann es so etwas Schönes auf dieser Welt geben? Wo hat er bisher nur gelebt? Wie hat er bisher gelebt? Hat er noch nie eine Frau, ein Mädchen angesehen? Scheinbar nicht. Diese Erscheinung ist so voller Liebreiz, so voller Anmut. Ein einziges Entzücken geht von ihr aus! Eine „Rahel" hatte er soeben vor sich. Er fühlt einen „Jacob" in sich. Aber bitte nicht vierzehn Jahre um diese Göttin dienen und kämpfen und sich gedulden müssen, rast es ihm als Folge dieser Gedankenassoziation durch den Kopf. Vor tausenden von Jahren hat sich das zugetragen. Zumindest steht es so geschrieben im Buch aller Bücher. Die

Schönheit mit den großen Augen und dem so vollen, aber zarten Mund ist aus dem Alten Testament zu ihm gekommen. Er fühlt sich von langer mühseliger Reise am ersehnten Brunnen angekommen. Muss nicht ein Brunnen in der Nähe sein? Diese Frage zwingt ihn, sich umzuschauen. Ja, aber wo ist der Krug? Wo ist der Durst in ihm, der dieses Wunder von weiblicher Schönheit um Wasser für seine trockene Kehle hätte bitten können? Oh, diese Liebliche, die seine Seele zu öffnen begonnen hat. Er fühlt sich außerhalb seines Selbst und spürt, dass er sich verliert in nicht enden wollenden Träumen.

Er erwacht langsam aus seiner Hypnose, schaut an sich herunter als müsste er prüfen, ob er wirklich er selbst ist, denn war er soeben nicht weit weg in einer anderen Welt? Hat er nicht einen wunderbaren Traum geträumt? Aber nein, er steht hier vor einer Kirche, die ihm bekannt erscheint, auf einem Platz und neben ihm steht der Freund.

Doch er sieht ihn nicht mehr. Allein gelassen ist er mit seinem Traum. Alles in ihm ruft:

„Sagt mir, ihr Götter, dass es kein Traum war, bitte sagt es!"
Alle Himmel möchte er darum anflehen.

„Zeigt mir den Weg zu dieser Einen! Ich fühle mich so schwach, schwach, aber erlöst. Es ist ein so unsagbar schönes Glücksgefühl in mir. Helft, helft mir zu ihr, dieser Wunderbaren!"

Da wird er plötzlich schmerzhaft am Arm gegriffen. Der Freund ist zurückgekommen von einer kleinen Erkundungsreise. Er hat die Funken gesehen, die zwischen vier Augen hin und her sprangen und ist dem Mädchen, das scheu wie ein Reh nach Hause sprang, soweit gefolgt, dass er berichten kann, wo die Schöne ihr Zuhause hat.

Heinrich F. schaut in das leicht spöttisch grinsende Gesicht des Freundes, nicht ahnend, dass dieser weit mehr weiß, als er sich träumen lässt. Dem anderen macht es offensichtlich Spaß, den

Fisch an der Leine zappeln zu lassen, ihn zu reizen. Erst nach langen Minuten erfährt Heinrich F., dass sein Leben ein konkretes und erreichbares Ziel bekommen hat und das dank des Freundes sogar mit Straße und Hausnummer. Den Namen der Schönen weiß er noch nicht. Aber das wird sich hoffentlich bald in Erfahrung bringen lassen.

Beruhigt lässt sich der plötzlich zum Schwerenöter Gewordene vom Freund mitnehmen. Beide verschwinden in einer der Gassen und haben das Vorhaben, einen Blick in die Kirche zu werfen, vergessen.

Kurze Zeit später sieht man sie in einem Wirtshaus sitzen und angeregt diskutieren. Lauscht man, so geht es um nichts anderes, als alle Wege und Möglichkeiten auszuloten, die Sehnsucht, die von Heinrich F. Besitz ergriffen hat, zu stillen. Der Freund ist, zumal die Angelegenheit ihn nur am Rande betrifft, realer in seinen Vorschlägen und nach einigem Hin und Her ist eine Strategie zurechtgelegt.

Der Freund wird weitere Informationen besorgen und er, Heinrich F. wird erst einmal zum Warten verurteilt. Der sieht nur noch ihr Bild vor sich und dieses Bild wird zum Idol. Ihm wird sogar mit Bangigkeit die Frage bewusst, ob er bei einem etwaigen Wiedersehen nicht vielleicht eine Enttäuschung erfahren könnte. Kann nicht jede Begegnung unter anderen äußeren Umständen andere Wirkungen erzielen? Nein, das kann nicht, das darf nicht auf dieses wunderbare Geschöpf zutreffen. Mag da kommen, was will. Es ist nur dieses Bild, das ihn rasend macht - nur dieses Bild, das sich in ihm festgebissen hat und ihm so wunderbare, so schöne Schmerzen bereitet. Seine Seele ist zu einem einzigen bittenden Flehen geworden.

DAS MÄDCHEN

Die „Schöne" ist nach Hause geeilt, ohne sich umzusehen. Sie ahnt nicht, wie sehr sie das Innenleben eines Mannes durcheinandergewirbelt hat. Wie gern hätte sie noch einmal in dieses lächelnde Gesicht geschaut, das ihr auf dem Marktplatz entgegen strahlte. Aber es soll wohl nicht sein. Nein, es darf auch nicht sein!

Die bisher nur als Schöne betitelte soll nicht länger namenlos bleiben. Margarethe heißt sie. In ihrem Zimmer angekommen steht sie vor dem Spiegel, schüttelt den Kopf, dass sich die Haare aus ihrer kunstvollen Feiertagsdressur lösen und ihr um den Kopf schlagen. Sie öffnet das Fenster und schaut sich herausbeugend zurück, auch wenn sie weiß, dass ein Blick zum Marktplatz von ihrem Fenster gar nicht möglich ist. Dass sie verfolgt und beobachtet wurde, ist ihr entgangen.

Die Einrichtung ihrer Stube besteht aus einem schlichten Holzbett, das an der Wand gegenüber dem Fenster steht - mit kariertem Bettzeug in hellblauen Farben. Bettbezug, Kissen und Federbett sind aufs Ordentlichste akkurat faltenfrei zurechtgestrichen. Das kleine Fenster ist eingerahmt von Gardinen, deren Farbe der des Bettzeuges angepasst sind. Sie wedeln leicht im Windzug vor dem geöffneten Fenster. Neben dem Kopfende des Bettes befindet sich die Tür, weiß gestrichen mit etwas dunkler abgesetztem Türrahmen. Links neben dem Fenster steht eine kleine Kommode mit einem darauf stehenden Bücherbord, das mit zehn Büchern bestückt ist. Ein Kleiderschrank befindet sich noch im Zimmer und ein Tischchen mit einem dazu passenden Stuhl. Alles sind Requisiten einer kleinbürgerlichen Ordnung. Der Wandschmuck besteht lediglich aus einem goldenen schlanken Kreuz, das über dem Kopfende des Bettes hängt. Auf dem Tischchen steht in einer zylindrischen Glasvase ein Strauß mit fünf großen rotgelben Rosen.

Ihr gelingt es nicht, die Begegnung einfach weg zu tun, als wäre nichts weiter gewesen. Dieser Unbekannte will nicht fort aus ihren Gedanken. Was war das nur, was da vor wenigen Minuten geschah. Sie wundert sich kopfschüttelnd.

Um sich schauend kommt jedoch die Realität in sie zurück. Die häuslichen Pflichten rufen. Aber bei jedem Handgriff spürt sie die Gegenwart dieses Fremden. Sie ertappt sich dabei, einfach nur so auf dem Bettrand zu sitzen und ihre Gedanken zu einem Menschen zu lenken, der ihr fremd ist, aber mit jedem dieser Gedanken bekannter wird.

Wie gern träumt sie. Schon als Kind benötigte sie nur den Beginn eines Märchens, um sich in dessen Fortsetzung hineinzuleben, als wäre es ihr höchst eigenes Märchen. Wie weit wanderte sie fort in unendliche Weiten wie auch in tiefste Höhlen ihres eigenen Ichs. Ja, sie hatte es lieben gelernt, Träume zu haben. Doch Träume wurden niemals Wahrheit. Aber das, was sie heute Morgen erlebte, war Wirklichkeit. Oder war es doch nur Traum?

Nein, es war nicht nur geschehen, es war auch wunderbar schön gewesen. Hat sie sich dumm benommen? War sie nicht sehr frech zu dem fremden unbekannten Herrn gewesen? Sie hat ihn vor den Kopf gestoßen. Aber wenn ja, hätten sie dann beide so herzlich über die albernen Worte lachen können? Doch, alles war richtig gewesen. Nein, alles war falsch gewesen. Sie hätte davonlaufen sollen! Wie konnte sie nur auf die Frechheit dieses Menschen derartig reagieren. Sie muss sich in Grund und Boden schämen. Und das ausgerechnet vor der Kirche, nachdem sie gebeichtet hatte und der Priester sie ihrer kleinen Sünden wegen mehr gelobt als getadelt hatte. Was soll sie dem Priester nun über sich berichten. Sie muss ihm die Begegnung mit dem fremden Herrn schildern, nicht erst am nächsten Sonntag, nein, so bald wie möglich. Sie sollte ihn sofort aufsuchen. Sünden darf man nicht mit sich herumtragen. Sie wird von ihm Strafe erbitten müssen, sollte er sie nicht ernst genug nehmen. Sie fühlt sich erzittern bei dem Gedanken, das soeben Erlebte in Worte fassen zu müssen. Sie ist völlig durcheinander. Am besten, sie vergisst schnell. Zumindest nach der nächsten Beichte, relativiert sie den Beschluss, denn kleine, ganz winzige Zweifel überfallen sie, die ihr zuraunen, dass es doch prickelnd schön war und dieses eigentümlich angenehme Zittern noch immer in ihr ist. Nein, sagt sie zu sich, nein und nochmals nein!

Sie wird auf sich achten, dass sie nie wieder die Blicke von hergelaufenen Männern auf sich ziehen wird. Womöglich ist sie gesehen worden. Nicht auszudenken, wenn ihre Freundinnen sie beobachtet hätten. Mit Fingern würde man auf sie zeigen, über sie herziehen, sie Dingen und Taten bezichtigen, die gar nicht zutrafen. Sie weiß doch, wie schnell man in Verruf gerät. Aber schön war es trotz allem. Ein gutaussehender Mann war es. Und gebildet war er auch. Bestimmt viel mehr als sie selbst. Aber warum musste er mit dem abgedroschenen Vers kommen. Das war kein guter Einfall. Aber es hat ihnen beiden gefallen. Sie haben sich ein winziges Spiel gespielt - ein gelungenes Spiel. Angeschaut hat er sie, als hätte er noch nie eine Frau gesehen. Bin ich denn sehenswert? Bin ich denn schön? Das sind Fragen, die sie sich noch niemals gestellt hat. Doch, wenn sie in den Spiegel schaut, kann sie nichts finden, was schlecht ist. Vielleicht bin ich wirklich schön und begehrenswert? Aber nein, so etwas wünscht man sich nicht - man darf es nicht!

Überhaupt hat das alles noch so viel Zeit. Unsinn, sich über solche Dinge den Kopf zu zerbrechen. Aber trotzdem: den Blick dieses Mannes auf sich zu spüren und zu erwidern, war so ungewohnt angenehm. Er sah mich an, als würde er ... Ja, ich denke, so könnte ich blicken, wenn ich die Mutter Gottes ansehe und vor ihr bete.

So rein und freundlich sah das aus, so ehrlich, ja so lieb. Da war nichts Böses in diesem Blick. Die Gedanken irren in ihr herum wie durcheinander gewürfelte Puzzlesteine, die nicht von selbst ihre zueinander passenden Formen finden können.

Irgendwann steht sie wieder vor dem Spiegel, kämmt sich. Sie hat ihre Kostümjacke sorgfältig auf einen Bügel gehängt und ist nun nur mit Rock und Bluse bekleidet. Ein reizendes mädchenhaftes Bild. Sie lächelt gedankenversunken ihr Spiegelbild an und bindet ihre langen blonden Haare zum Pferdeschwanz, schüttelt den Kopf einige Male, so dass der Schwanz herumfliegt und ihr in das Gesicht schlägt. Trotz aller Selbstvorwürfe ist sie glücklich. Sie ist von einer unbekannten Freude durchdrungen. Sie muss jemanden davon erzählen. Sie kann allein damit nicht fertig werden und ihr fällt nur die ältere Nachbarin ein. Diese Frau ist zwar nicht die Angesehenste in der Stadt. Ihr Mann ist ein loser Bruder und hat sie verlassen. Aber sie ist die Einzige, die sie verstehen könnte. Die Mutter würde sie ohrfeigen, wenn sie ihr damit kommen würde. Sie muss sich gestehen, dass eine saftige Ohrfeige bestimmt das einzig Richtige für sie in diesem Zustand wäre. Sie nimmt ihren blauen Umhang aus dem Schrank, hängt ihn sich geschickt um, wirft ihren Pferdeschwanz unter der Kapuze hervor, und verlässt, ohne sich den Umhang zu verschließen, das Zimmer und das Haus.

AM ABEND

Es ist Abend geworden. Margarethe hat sich lange bei der Freundin aufgehalten. Die Sonne ist am Untergehen und ein dämmriges Licht erfüllt den Raum. Die Freundin hat sie beruhigt. Sie soll die Begegnung als Lappalie wegtun, am besten vergessen. Von eben solcher Lappalie soll sie auch dem Priester erzählen, wenn sie schon davon reden muss. Keiner hat es gesehen - alle Sorgen waren umsonst. Der Mann wird ein Reisender sein, der sich einen Scherz mit ihr gemacht hat und ist längst auf und davon. Margarethe ist zufrieden mit diesen Erklärungen und denkt an den heutigen Morgen wie an einen angenehmen Traum zurück, den man wie die meisten Träume in Kürze vergessen wird.

Sie kommt beruhigt, wenn auch ernüchtert zurück. Da es kühl geworden ist, hat sie sich die Kapuze ihres Umhanges über den Kopf gezogen. Einen langen weißen Schal aus der Garderobe der Freundin hat sie sich um den Hals gebunden. Ein Ende des Schals hängt auf dem Rücken, das andere über der Brust. Sie ist zufrieden mit sich und der Welt, schließt leise die Tür hinter sich, schaut sich um und tritt vor den Spiegel, betrachtet sich nachdenklich - immer wieder an den heutigen Morgen zurückdenkend. Sie streift sich die Kapuze vom Kopf, löst das Band, das ihren Pferdeschwanz zusammenhält und lässt die Haare in ihrer Pracht über das Blau und Weiß ihrer Farben fallen. Sie fühlt sich seit dem Morgen anders als noch gestern, denn noch nie hat sie sich mit solchem Blick im Spiegel betrachtet. Ja, sie findet sich selbst schön und anziehend. Das weiße Tuch, das Blau des Umhanges geben ihr ein madonnenhaftes Aussehen. Bei diesem Gedanken schrickt sie zusammen. Wie kann man eine solche Sünde, einen solchen Vergleich nur denken! Also nicht madonnenhaft, einfach nur schön, entscheidet sie. Sie wendet sich vom Spiegel ab, nimmt den Schal und legt ihn auf das Bett, Sie knöpft sich den Umhang auf und hängt ihn sorgfältig über einen Bügel an der Wand, macht ein paar Handgriffe, ein Aufräumen, ein Ordnen von Gegenständen, die bereits so geordnet waren, dass man sie nicht besser hätte ordnen könnte. Sie weiß nicht recht, was sie tun soll. Bei aller Tröstung ist sie doch noch lange nicht weit genug entfernt vom morgendlichen Erlebnis.

Sie hat sich die Schuhe und auch den Rock ausgezogen. und geht im Zimmer auf und ab, trällert ein Liedchen vor sich hin. Sie nimmt den Schal vom Bett und legt ihn auf den Stuhl, damit sie nicht vergisst, ihn morgen der Freundin zurück zu bringen.

Jetzt endlich fällt ihr Blick auf das, was im Fenster liegt. Oh, Gott! durchfährt ein Beben ihren Körper. Alle erlösenden Gespräche des langen Nachmittages waren vergebens. Nur Auftakt war die Szene auf dem Marktplatz. Es geht weiter! So erschrocken sie darüber ist, so wohlig warm wird ihr dabei. Angst spürt sie und Freude zugleich. Ihr schon gestörtes Seelenleben gerät jetzt völlig aus den Fugen. Mit zitternden Fingern nimmt sie den Strauß gelber Teerosen an sich, entfernt noch mehr zitternd das Briefchen mit der kleinen Schachtel daran und stellt erst einmal die müde aussehenden Rosen zu den anderen, die auf dem Tisch stehen.

Nun hat sie etwas in den Händen von einem Herrn, den sie nicht kennt, der sie nicht kennt und an den sie die vielen Stunden seit der Begegnung unaufhörlich gedacht hat. Sie öffnet den Brief und sieht die schöne Handschrift, die darauf schließen lässt, dass sie schon vieles geschrieben haben muss. Sie liest und die wenigen Worte werden ihr zur Fortsetzung des gemeinsamen herzlichen Lachens am Morgen. Es schreit in ihr:

„Nein, nein .... nein!"

Aber das sanfte kleine „Ja", das tief in ihr das Herz schneller klopfen lässt, ist stärker als alle diese Nein`s und ihr Entschluss zum

„Ja" ist gefasst. In dem Brief bittet er um ein Treffen und fragt nach dem Wann und Wo.

Sie öffnet das Kästchen, nimmt die kleinen goldenen Ohrstecker heraus und steckt sie sich, getrieben von einer eigentümlichen Willenlosigkeit, in die dafür vorgesehenen Löcher ihrer Ohrläppchen. Dieser kleine Schmuck kommt ihr vor wie der letzte Punkt unter den Zeilen des Briefchens. Sie geht zum Spiegel, sieht aber an sich vorbei und blickt in die unergründliche Tiefe ihres Herzens und hört die von unzähligen Echos begleiteten zarten, gehauchten „Ja`s" in sich einströmen.

Sie wird noch einmal hinausgehen müssen, um mit der Freundin die neue Sachlage zu besprechen und sie bitten, dass die Verabredung in ihrem Garten im Geheimen stattfinden kann.

Irgendwann am späten Abend liegt sie in ihrem Bett, ihre Finger spielen mit den Schmuckstückchen in ihren Ohren. Sie wird lange nicht einschlafen können und gewiss im Schlaf die wunderbarsten Träume wie Wirklichkeiten erleben.

MARTHA

Für zwei Menschen ging eine lange Nacht zu Ende. Margarethe hat noch am Abend bei ihrer Freundin, Martha heißt die Verständnisvolle, über die noch weiteres zu berichten sein wird, auf den Umschlag des Briefchens ein schüchternes „Danke" und die Adresse Marthas nebst der Uhrzeit „Sieben Uhr abends" geschrieben und sich dabei bemüht, ihre Hand ruhig fließen zu lassen. Sie konnte sich Mühe geben wie sie wollte, es ist eine Kinderhandschrift gegen seine wohlgeordnet aneinandergereihten Buchstaben. Wie erbeten, legt sie den Umschlag zusammengefaltet und mit einem kleinen Stein beschwert auf ihr Fensterbrett.

Sie hatte am Abend Martha bedrängt, ihr bei dem Treffen beizustehen, denn Herr Heinrich F. wird seinen Freund mitbringen.

Etwas verspätet geht sie an diesem Morgen aus dem Haus. Kurz vor dem Marktplatz begegnet sie einem ihr unbekannten Mann, der auffällig bunt gekleidet ist, und in Richtung ihres Hauses läuft. Ihre Blicke treffen sich für einen Moment und ihr fällt sein leicht grinsender Mund unangenehm auf. Sollte der womöglich der „Freund" sein, den sie heute noch kennenlernen soll?

Ihre Vermutung ist richtig. Es ist der Freund von Heinrich F., der das Briefchen unbeobachtet an sich nimmt und vorsichtshalber einen Umweg macht, um der Angebeteten nicht nochmals zu begegnen.

Margarethe läuft weiter zum Marktplatz, schaut unauffällig in alle Richtungen, aber sie kann IHN nicht entdecken. Aber natürlich ist er da. Er steht im Inneren des Juwelier-Geschäftes, in dem er gestern die Ohrstecker kaufte und sieht sie aus der Entfernung, sieht ihre blonde Pracht sich auf der weißen Bluse ausbreiten, die sie halboffen über einem knöchellangen Rock trägt. Zu gern hätte er gewusst, ob die Ohrstecker sie schmücken, aber die Entfernung und die offenen Haare lassen diese Frage unbeantwortet.

Kurze Zeit später verschwindet Margarethe in einem Geschäft, um das Notwendige für den Tag einzukaufen.

Gemeinsam mit ihrer Mutter verdient sie ihren Lebensunterhalt mit einer kleinen Pension, die sich am Rande der Innenstadt befindet.

Heinrich F. ist aus dem Geschäft getreten und schon kommt ihm der Freund noch immer grinsend, entgegen und überreicht Heinrich F. den beschriebenen Briefumschlag. Der reißt das Papier an sich, liest, führt das Geschriebene zum Mund und küsst es mit ein wenig zu lautem Schmatz. Die Frage, ob er sie gesehen hat, wird bejaht. Ob sie die Ohrstecker angelegt habe, muss der Freund achselzuckend beantworten. Er hat vergessen, darauf zu achten. Aber dass es ein überaus reizendes Geschöpf ist, das kann er ihm versichern.

Nun ist alles klar. Um Sieben im Garten des besagten Hauses. Unendliche Zeit ist bis zu diesem Termin zu überbrücken. Sie hat es gut, sie hat zu arbeiten und kann sich ablenken. Aber er darf die Minuten zählen. Schließlich einigen sich die beiden Herren darauf, das gestern in der Aufregung Vergessene nachzuholen und sie besichtigen die Kirche, halten sich lange im Klostergarten auf, wundern sich über die an eine Festung erinnernde Klosteranlage mit einem riesigen Turm, laufen durch alle Gassen bis hin zu den Wiesen und Feldern vor der Stadt. Heinrich F. bildet sich ein, noch niemals eine Wiese so schön gesehen zu haben. Vögel singen Lieder, die sich in seinen Ohren zu Liebesliedern verwandeln. Sie laufen hinein in die Natur, ohne Ziel, außer dem einen, die Zeit zu überbrücken.

Auf einer an einem schattigen Waldrand stehenden Bank nehmen sie Platz und Heinrich F. hört als erster aus weiter Ferne Töne einer Flöte. Beide lauschen den Melodien, die der Wind, vermutlich von einem Schäfer, zu ihnen herüberträgt. Er denkt an SIE und Pan spielt auf der Flöte. Kann es Schöneres geben. Ja, Heinrich, es kann und wird!

Sie gehen in der Mittagszeit zurück zur Stadt, kehren in einem Gasthaus ein, in dem sie die einzigen Gäste sind. Lange sitzen sie hier. Danach besorgt Heinrich F. einen Strauß Blumen für die Angebetete und einen weiteren für die Dame, die ihnen den Aufenthalt in ihrem Garten gestatten will. Schon beim Aussuchen der beiden Ohrstecker in dem kleinen Juweliergeschäft fiel ihm eine zarte Goldkette auf, die er am liebsten schon gestern mitgenommen hätte. Jetzt kann er der Versuchung nicht widerstehen, kauft sie und fühlt sich wohl, für den Abend, der Sieben Uhr beginnen wird, bestens gerüstet zu sein. Der Freund soll mitkommen. So war es ausgemacht, denn wo zwei Frauen sind, sollten auch zwei Männer sein. Bekommt Heinrich F. doch durch diese Taktik die Chance, mit IHR einige Zeit ungestört beisammen sein zu können.

Endlich ist es soweit. In ihrem Quartier machen sich die beiden Herren noch frisch, kontrollieren ihre Kleidung, rücken sich gegenseitig die Krawatten zurecht, fragen sich lästernd, ob sie auch gleiche Strümpfe an den Füßen tragen. Und los geht es zum Stelldich-ein.

Nachdem auf ihr Klingeln an der Gartentür niemand erscheint, um sie einzulassen, öffnen sie und gehen den Kiesweg entlang, der in den Garten hinter dem Haus führen muss. Dort entdecken sie nach einigem Suchen die Freundin Martha, die Besitzerin dieses gepflegten Anwesens, im hinteren Teil des Gartens, wo sie an den hochstämmigen Rosenstöcken herumschneidet.

Ein kurzer Blick in die nächste Umgebung ergibt ein akkurat gepflegtes Gärtchen mit Blumen, Gemüse, einigen Obstbäumen, einem Stückchen Rasen und in Richtung Haus eine dicht bewachsene Pergola, unter der ein Tisch, eine Bank und zwei Stühle stehen. Diverse Blumentöpfe, üppig blühend, verbringen hier im Freien ihre Sommerzeit.

Da Martha mit dem Rücken zum Haus steht, kann sie die beiden Angekommenen nicht bemerken. Den Herren ist das nur allzu recht, denn die Schöne ist noch nicht eingetroffen. So können sie sich in aller Ruhe mit der Umgebung vertraut machen und erst nach ein oder vielleicht auch zwei Minuten machen sie sich auf den Weg zu der Gastgeberin. Von weitem rufen sie, nicht zu laut, aber deutlich, einen „Guten Abend", so dass die Frau nicht erschrickt, wenn sie plötzlich zwei Männer neben sich sieht.

Martha ist eine etwas korpulente Frau mittleren Alters. Dass sie früher sehr schön gewesen sein muss, ist nicht zu leugnen. Ihre tiefschwarzen Haare sind mit kleinen grauen Strähnen durchsetzt. Bekleidet ist sie mit einem knöchellangen dunkelgrünen Kleid, über das sie einen Schal geworfen hat, dessen Farbe von etwas hellerem Grün als das des Kleides ist. Die wie eine Witwe alleinlebende etwas vulgär und sehr resolut wirkende Frau hält im Moment der Begrüßung eine welke Rose in der Hand und betrachtet sie. Mit dem Zeigefinger der rechten Hand streicht sie über die schlaffen Blätter der Blüte. Gedanken an ihr eigenes Schicksal überkommen sie beim Anblick dieses Sterbens.

Ihr Mann hat sie zwar nicht offiziell verlassen, aber er treibt sich mal als Gelegenheitsarbeiter, mal als Weltenbummler, gerade, wie seine Finanzen es ihm gestatten, fernsüchtig in der Welt umher, lässt ihr ab und zu eine Nachricht, regelmäßiger eine kleine Summe Geldes zukommen. Nein, vergessen hat er sie nicht, das kann sie ihm nicht nachsagen, aber zufrieden ist sie mit dem Los des ewigen Alleinseins nicht.

Sie weiß niemals über ihn Bescheid, denn die Inhalte der Nachrichten sind selten eindeutig, schildern nie seine Lage, seine Arbeit oder seinen Aufenthaltsort. Sie hat früh erkannt, dass sie ihn nicht an sich binden kann und nach wenigen Jahren ihrer Ehe hat sie kapituliert und versucht seitdem, sich mit ihrem Los abzufinden. Ob sie ihn liebt oder je geliebt hat, weiß sie nicht zu sagen. Er ist ihr Mann und das hat ihr gereicht. Sie hat gelernt, mit dem Leben allein fertig zu werden, musste für sich selbst aufkommen, musste sehen, wie sie sich durch das Leben schlägt. Natürlich passierte da auch das eine oder andere, was einer treuen Ehefrau nicht hätte passieren dürfen. Übles Gerede brachte das über sie und ihr Ruf in der Stadt hatte sich nicht zum Besten entwickelt. Sie weiß es und stört sich nicht, besser nicht mehr, daran.

Man akzeptiert sie trotzdem und steht ihren Scherzen, ihrer Lebenslust stets aufgeschlossen und freundlich gegenüber. Mit dem Priester hatte sie früher Probleme, aber seitdem sie diese Probleme konsequent nicht mehr zu ihren eigenen machte, lässt sie die Institution Kirche weitestgehend in Ruhe. Sie fühlt sich von dieser Macht aufgegeben und findet das gut so. Die Kirche brauchte sie nicht und sie brauchte die Kirche nicht. Ein angenehmer Waffenstillstand hat sich eingestellt. Viele Freunde hat sie nicht. Die Nachbarin mit ihrer Tochter Margarethe kommt öfters zu ihr herüber. Diese Witwe, die vor einigen Jahren ihr zweites Kind, ein kleines Mädchen im zarten Alter von drei Jahren, verlor, ist mit ihr etwas befreundet. Das Wort „etwas" charakterisiert ihr Verhältnis sehr gut, denn im Gegensatz zu Martha ist die Mutter dieser Margarethe sehr fromm und eine fleißige Kirchgängerin. Belächeln auf der einen Seite und wiederholte Bekehrungsversuche auf der anderen Seite führten zu manchen unangenehmen Disputen und setzten einer intensiveren Freundschaft Grenzen. Die ältere Tochter Margarethe, die in ihrer Auffassung wesentlich liberaler ist, holt sich bei ihr manchen Rat und ist vertrauter mit ihr, als es der Mutter wünschenswert ist, denn diese fürchtet, ihre Margarethe könnte vom rechten Glauben weggeführt und irregeleitet werden. Ansonsten regiert die Mutter Margarethes mit Strenge und Verbitterung über den Haushalt und die kleine

Pension, was ihr nach den erlittenen Schicksalsschlägen zu verzeihen ist.

Martha verdient sich etwas Geld mit Näharbeiten. Ob sie auf ihren Mann noch wartet, weiß sie selbst nicht so recht. Wenn er plötzlich unerwartet in der Tür stände, würde er doch nach wenigen Tagen wieder das Weite suchen, denn er ist einfach nicht für den häuslichen Herd geboren.

Die welke Rose ließ sie regelrecht besinnlich werden. Sie putzt sich geräuschvoll die Nase, entnimmt ihrer Rocktasche ein Messerchen, mit dem sie die welke Blüte vom Stamm entfernt. Sie wendet sich in Richtung ihres Komposthaufens, hört die Begrüßung der in einiger Entfernung von ihr stehenden Herren und erst bei deren Anblick fällt ihr wieder ein, dass jetzt das angekündigte Stell-dich-ein in ihrem Garten stattfinden soll. Die Hauptperson Margarethe ist allerdings noch nicht eingetroffen, so dass sie sich selbst den beiden Herren widmen muss.

Steif wie in solchen Fällen üblich, stellt man sich mit Höflichkeitsfloskeln vor, man dankt, man fragt Fragen und antwortet auf andere, die man normalerweise als unwichtig, ja albern eingestuft hätte.

Martha bittet die beiden zum Tisch auf der Terrasse und indem man sich zu setzen beginnt, erscheint die Erwartete, vorsichtig um die Hausecke schauend, leicht errötend darüber, dass sie unpünktlich ist. Also erheben sich alle wieder. Der Freund gemächlich, Martha, indem sie schnell noch auf dem Tisch etwas in die richtige Ordnung rückt und Heinrich F. etwas zu stürmisch, so dass der leichte Gartenstuhl, den er zurückschieben muss, ins Wanken gerät und droht, mit peinlichem Krachen umzufallen. Die Situation wird im letzten Moment gemeistert und die beiden Augenpaare, auf die es am meisten ankommt, blicken sich an. Zum gegenseitigen Mustern ist keine Zeit. Margarethe stellt nur fest, dass er einen anderen Anzug trägt als bei ihrer gestrigen Begegnung vor der Kirche und sie musste bedingt durch nicht vorhandene Vielfalt ihrer Garderobe das gleiche Kostüm anziehen. Ihre Haare sind mit einem schmalen Band zusammengehalten und umspielen ihre Ohren, so dass nicht sofort auszumachen ist, ob denn die Ohrstecker darin sind.

Martha geht der jungen Freundin die zwei Schritte entgegen, während Heinrich F. damit beschäftigt ist, das Mobiliar in die statische Sicherheit zurückzuführen.

Mit der Absicht, das Selbstbewusstsein der jungen Freundin zu stärken, flüstert sie ihr während der flüchtigen Umarmung zu, dass sie wunderschön aussieht. Die Wangen Margarethes erröten daraufhin. Das mit dem Selbstbewußtsein hat nicht funktioniert - im Gegenteil. Immer wurde sie rot, wenn Martha derartiges sagte, weil sie es nicht glaubte und nicht wissen wollte. Wie immer ist sie auch dieses Mal zornig über diese Anspielung. Es schickt sich nicht, über so etwas zu reden. Außerdem, wen interessiert das schon, trotzt es in ihren Gedanken.

Aber Martha, die Erfahrene, genießt mit spielerischer Spannung diesen Augenblick der ersten Begegnung zweier Herzen, die füreinander Feuer gefangen haben.

Unter strenger Einhaltung aller Konventionen setzt man sich nach der nun offiziellen Begrüßung unter Nennung der Namen um den Tisch herum. Die Damen auf die Bank, die Herren auf die Stühle. Margarethe heißt sie also - wie schön.

Man redet über alles Mögliche, nur nicht über das, weshalb man das Stell-dich-ein arrangiert hat. Die Lippen sprechen Banales, während die Augen der beiden ineinander verschmelzen und die Luft zwischen ihnen vibriert. Heinrich F. spürt einen wohligen Stich in der Herzgegend, als er endlich einen der Ohrstecker unter den Haaren Margarethes hervorblitzen sieht. Geschickt bringt der Freund die Rede auf die herrlichen Rosenstöcke und beginnt eine

Fachsimpelei über deren Pflege und Schädlingsbekämpfung, so dass Martha den Wink aufnimmt und die Gesellschaft auffordert, sich die unzähligen in ihrem Garten befindlichen Rosenstöcke anzusehen. Es stehen dort wohlgeordnet Beete mit hochstämmigen, buschigen und rankenden Rosen. Einem natürlichen Automatismus folgend, die schmalen Wege des Gärtchens hätten andere Konstellationen auch nicht zugelassen, bilden sich zwei Paare. Das eine Paar beschäftigt sich mit dem Thema „Rosen", das andere mit dem Sinn dieser Zusammenkunft. Schüchtern kommt man zu Persönlicherem, fragt sich nach dem einen, nach dem anderen, tauscht Höflichkeiten aus, tastet sich behutsam einander an. Macht sie ihm Vorwürfe über das kostbare Geschenk, tut er es als Lappalie ab, wagt es aber noch nicht, sie zu berühren, um ihr die in seiner Anzugtasche ungeduldig wartende Kette umzulegen. Noch ist die Zeit nicht reif dazu, denn auf keinen Fall möchte er den irrigen Eindruck erwecken, ihre Zuneigung durch Geschenke zu erschleichen.

Je weiter die Stunde vorrückt, je mehr sich bei den Rosen die beiden anderen in fachliche Gespräche vertiefen, umso mehr schmilzt das zum Tauen bereite Eis. Sie sitzen auf dem Bänkchen der Terrasse und, man sollte es nicht für möglich halten, sie hat die Hand unter seiner leichten Berührung nicht fortgezogen. Wie froh ist er darüber und welch schauriges Wohlbefinden geht von dieser Berührung in ihren Körper über. Man schweigt. Sie lässt den Druck seiner Finger auf ihrem Handrücken sprechen, während seine andere Hand zuckt, ob sie denn das Kästchen, das in seiner Tasche wartet, öffnen und ihren Inhalt unbemerkt in die Höhe ihres Halses befördern soll. Ja, es geschieht, die Hand greift den Verschluss, kann ihn sogar öffnen und schneller als gedacht, hängt das kleine zarte Kettchen an ihrem Hals. Sie erschrickt errötend. Soll sie ihm böse sein? Soll sie sich weigern, es anzunehmen? Seine Augen flehen ihr zu: Nein! Sie drückt dankend seine

Hand, die den „Unfug" begangen hat und läuft hinein in die Wohnung Marthas, um sich das, was zu den Ohrsteckern hinzugekommen ist, zu besehen. Vor dem Spiegel bringt sie die Kette in die richtige Lage, indem sie sich die Bluse öffnet, den Kragen auseinanderschiebt und die zarte Kette darunter hervorschauen lässt. Ihre Haare bindet sie schnell zum Pferdeschwanz zusammen, damit Heinrich beides an ihr sehen kann. Lächelnd kommt sie zu ihm zurück und er dankt es ihr mit einer ersten schüchternen Umarmung. Lieber würde er vor ihr auf die Knie fallen und ihr all das gestehen, was in seinem Inneren vorgeht, aber er weiß, dass das nicht sein darf - noch nicht.

Inzwischen haben die beiden anderen ihre Exkursion in die Reiche der Rosenbotanik beendet und höflich bläst der Freund zum Aufbruch. Man verabredet ein nächstes Treffen am kommenden Tag.

Nein, es ist nicht nötig, sie nach Hause zu begleiten, denn sie hat ihrer Freundin versprochen, bei einer bestimmten Näharbeit behilflich zu sein. Also entfernen sich die beiden Herren in aller Höflichkeit. Die Blicke der Verliebten werden mit leichter Gewalt getrennt und müssen sich für viele Stunden, aber immerhin weniger als vierundzwanzig, mit Sehnsucht begnügen.

Ein Feuerchen wurde entfacht, das sich in kleine Flammen verwandelt hat und die Winde ersehnt, um zum lodernden Feuer zu werden.

IM GARTEN

Lange ist Margarethe am gestrigen Abend noch bei der Freundin geblieben. Martha hat ihr klargemacht, dass alle Ängste zu verblassen haben vor dem Schönen, das hier begonnen hat. Nein, auch Martha hat nicht den Eindruck, dass nur die geringste Unehrlichkeit in diesem Manne Heinrich F. zu entdecken ist. Er hat sich verliebt in Margarethe und es ist ihr, Margarethes, gutes Recht, dieses schöne Gefühl der Zuneigung zu genießen und wenn möglich zurückgeben zu können.

„Ja, ich möchte so gern",

erwiderte sie prompt, ohne überlegen zu müssen. Wenn alles so ehrlich ist, dann werden sich auch Wege finden, die jetzigen Heimlichkeiten zu beenden. Doch noch ist alles so neu, so unerwartet aufregend und schön, dass man es wie die größte Kostbarkeit hüten, es zum Geheimnis vor allen anderen machen muss. Dazu gehört die Mutter Margarethes ebenso wie der sonst so gern und vorschnell in kleine und größere Sorgen einzuweihende Priester. Der sollte auf Marthas Anraten der Letzte sein, der von ihrem Erlebnis zu erfahren hat, denn was weiß der schon von derartigen Herzensangelegenheiten. Für einen Menschen wie diesen schlägt doch das Herz im Kniegelenk und das im Rhythmus von Bibelversen und nicht in der Brust, beginnt Martha zu lästern. Darüber zeigte sich Margarethe allerdings sehr erbost, denn das ist unrecht. Nur weil dieser arme Mann auf das Glück, das sie gerade zu erfahren beginnt, freiwillig verzichtet hat, darf man doch nicht so lästerhaft sein und ihm das Verständnis dafür absprechen. Doch Martha glaubt, es besser zu wissen und wischt das Problem mit einer Handbewegung barsch vom Tisch.

Margarethe findet es nicht richtig, ihre Gefühle derart zu verheimlichen, aber sie fügt sich dem Drängen der Freundin. Erst einmal den nächsten Tag abwarten und dann weitersehen.

Die Freundin begleitet sie, nachdem es schon lange dunkel geworden ist, nach Hause. Die Mutter ist schon zu Bett gegangen. Sie erledigt ihre Abendtoilette, murmelt das obligatorische Abendgebet und bekreuzigt sich nach alter Gewohnheit. Hinter dem schmalen Goldkreuz sieht sie den Herrn, der für die Sünden aller, also auch ihrer, leiden musste. In den Knien leicht knicksend vertraut sie sich im Stillen diesem Einen an.

Anschließend legt sie sich die goldene Kette wieder um den Hals, um dem Manne näher zu sein in der langen, bestimmt arm an Schlaf werdenden Nacht.

Erst am nächsten Morgen versteckt sie die Kleinigkeiten wieder unter dem Laken wie schon am Abend vorher das Briefchen. Die Tagesarbeit lenkt sie ab und macht sie erwartungsgemäß schnell wieder müde, denn der gestrige Abend war zu lang geworden und die Nacht unruhig. So muss das wohl sein, wenn man verliebt ist.

Den Nachmittag kann sie kaum erwarten. Sie verabschiedet sich schnell von der Mutter, die in die Pension muss, um für die Gäste, die sich für den Abend angekündigt haben, empfangsbereit zu sein.

Schnell huscht sie in ihr Zimmer, wäscht sich, wechselt ihre Kleidung. Die Haare trägt sie heute mit verständlicher Begründung hochgesteckt. Sehnsüchtig kramt sie die kleinen Schmuckstücke aus ihrem Versteck hervor, putzt sich damit, sich selbst zum erhöhten Selbstbewusstsein, ihm zur Freude. Da sie nicht wissen kann, wie lang der Abend wird, nimmt sie den blauen Umhang aus dem Schrank und verschwindet in Richtung „Hoffnung".

Man hat sich am gleichen Ort wie gestern verabredet, aber Martha hat Margarethe verschwiegen, dass man sie allein im Garten lassen wird, damit sie ungestört sein können und auf niemanden Rücksicht nehmen müssen.

So kommt es, dass Margarethe Heinrich F. auf der Terrasse sitzend vorfindet und dieser ihre Frage nach den anderen mit dem Wort „Ausgeflogen!" beantwortet. Sie reichen sich die Hände, er zieht sie hinab zu sich und sie landet auf seinen Knien. Es folgen vorsichtige Berührungen, schüchternes Erfragen der familiären Verhältnisse, der Tätigkeiten während des langen Tages. Er erfährt vieles von ihr, sie weniges von ihm. Lange sitzen sie eng aneinander und genießen sich und alles, was diese kleine Welt um sie herum ihnen zu bieten hat.

Ihre Jugendlichkeit, ja Kindlichkeit holt sie plötzlich ein und lässt sie aufspringen mit den Worten:

„Fang mich!"

und bevor er sich von der Bank erheben kann, ist sie auf und davon und er steht suchend da und überlegt, wie und wohin er folgen soll. Sie ist durch eine kleine Öffnung in der Hecke in den Garten der Nachbarin Marthas entschwunden. Da alles so schnell ging, hat dies Heinrich F. nicht bemerken können und sucht nun hinter allen Büschen nach der Ausreißerin, bis er endlich diese Öffnung entdeckt. Sehr vorsichtig hält er Ausschau nach Margarethe und sieht sie endlich an einer kleinen Mauer stehen, die Fundament für einen zierlichen schmiedeeisernen Zaun ist. Die Arme hatte sie bequem auf den Zaun gelegt und auf ihrem rechten Unterarm ruht ihr Kinn. Sie blickt geduldig in die Richtung, aus der sie ihn erwartet. Womit sie nicht rechnen kann, ist die Möglichkeit, dass er ihren Plan durchkreuzten könnte, denn nachdem er ihren Standort entdeckte, macht er sich daran, von der anderen Seite in den Garten der Nachbarin zu kommen. Es gelingt ihm und er nähert sich ihr unbemerkt. Ihr wird die Zeit nun länger als erwartet aber aufgeben und zurücklaufen möchte sie nicht.

Sie stellt ihren nackten linken Fuß, nachdem sie die Sandale abgestreift hat, auf die kühle Mauer und schaut gebannt in die Richtung, aus der er ihrer Meinung nach nur kommen kann.

Heinrich aber geht die letzten zwei Meter auf Händen und Füßen, kniet auf der anderen Seite des Zaunes nieder, beugt sich vorsichtig zu ihrem linken Fuß auf der Mauer und küsst ihn, ihn gleichzeitig mit beiden Händen haltend. Margarethe erschrickt, aber nur ein wenig. Soll sie den Fuß zurückziehen oder nicht? Sie lässt ihn gewähren und berührt als Antwort auf die Zärtlichkeit seinen Kopf durch das Gitter und streicht ihm über das Haar und wagt damit das Eingeständnis ihrer Zuneigung. Wo sie den Mut zu diesem Bekenntnis hernimmt, ist ihr unklar, noch weniger für die Worte, die sie auszusprechen in der Lage ist.

„Du bist so lieb!"

kommt es ihr über die Lippen.

Sie spürt das Unschickliche ihres Tuns, ihrer Worte. Diese Worte wiederum machen ihn umso freier, so dass er aufsteht und mit beiden Händen ihren Kopf umfasst und sie küsst, den Zaun zwischen sich, so dass ihre Körper sich nicht berühren können. Sie verliert vollends jede Zurückhaltung und erwidert den Kuss. In dieser Stellung bleiben sie lange Sekunden stehen. Beide spüren die unbequeme Härte der Metallstreben zwischen sich und lösen ihre Umarmung.

Jetzt wird ihr bewusst, dass sie mit ihrem Geständnis das erste Mal „Du" zu ihm gesagt hat - wie peinlich. Er nimmt sie nochmals in den Arm, presst sie fest an sich und sagt immer wieder: „Du - Du – Du!"

zu ihr. So schnell konnte das gehen mit dem vertrauten „Du".

Zu ihrem Plätzchen auf der Terrasse zurückgekehrt dauert es nicht lange und Martha und der Freund Heinrichs kommen hinzu und gemeinsam verbringen sie noch eine Stunde bei Tee und

Gebäck, das Martha vorsichtshalber am Morgen in Erwartung einer solchen Stunde gebacken hatte.

Man verabschiedet sich wie gestern, und während das Paar sich in inniger Umarmung verabschiedet, gehen zwischen den beiden anderen spöttische Blicke hin und her. Es erfreut sie auf ihre Art, wie die beiden turtelnden Vögelchen ihren Sündenfall vorbereiten.

Auch dieses Mal wird Heinrich F. das Begleiten seiner Schönen verwehrt. Die beiden Frauen verabschieden die Herren vor der Gartentür und Martha legt Margarethe mütterlich ihren rechten Arm um die Schulter und geht mit ihr den Weg zurück ins Haus.

ERSTE SORGEN

Dem ersten, zweiten und dritten Tag der jungen Liebe folgen noch weitere vier Tage im ähnlichen Ablauf, bis die Woche wieder in einem Sonntag mündet, der frei von Arbeit ist und Möglichkeiten ganz anderer Art bietet, die Zweisamkeit zu genießen und sich näher zu kommen.

Wie gern hätte Margarethe den Liebsten gebeten, sich an diesem Sonntag ihrem morgendlichen Kirchgang anzuschließen, aber die Angst vor dem Gerede der Leute war zu offensichtlich, so dass sie diesen Gedanken im Keim erstickte. Am Sonnabend überkam sie das erste Mal ein heimliches Grauen darüber, was mit ihr in dieser einen Woche geschehen ist, darüber, dass sich die ganze Welt um sie herum geändert zu haben scheint. Nichts ist mehr so wie früher. Nicht nur, dass der Schmuck, den ihr Heinrich geschenkt hat, vor der Mutter und allen anderen versteckt werden muss, überall, bei jeder Begegnung mit Bekannten, beim Einkaufen, bei den Treffen mit ihren Freundinnen, ja selbst zu Hause vor sich selbst muss sie überlegen, ob sie dies oder jenes tun oder lassen dürfe, um nicht das Aufhorchen der Tratsch-Süchtigen zu erregen.

Nicht, dass sie dieser Zustand bereits mit Kummer und Angst verfolgt, aber etwas Unbekanntes beginnt in ihr zu keimen. Bestärkt wird diese Stimmung durch das nahende Wochenende und der mit dem Feiertag verbundenen Andacht, denn das erste Mal in ihrem Leben wird sie befangen dem Priester im Beichtstuhl gegenübersitzen und seine Fragen nicht mit ehrlichem Herzen beantworten können. Das stimmt sie traurig. Noch trauriger machen sie die Gedanken, dass sie nicht weiß, wie sich dieser Zustand wieder normalisieren soll. Sie will einerseits alles ernüchternde Ungewisse weit von sich schieben, aber andererseits kommen diese Gedanken wie Träume ungewollt auf sie zu, breiten sich in ihr aus und zwingen sie, sich diesen Fragen zu stellen. Sie muss mit Heinrich darüber reden - so bald wie möglich. Bisher war nur Martha ihre Vertraute. Diese liebe Freundin steht ihr wie schon so oft mit gutem Rat zur Seite, aber jetzt geht es um mehr, es geht um Angelegenheiten, die ihr ganzes Leben, ihren ganzen bisherigen kindlichen Frieden untergraben.

Sie wurde in den vergangenen Tagen in wunderbare Wonnen gehoben. Alle Träume sind Realität geworden, sie drohen, ihr den Boden unter den Füßen zu entziehen. Sie ist nicht mehr die, die sie noch vor einer Woche war.

Auch die Mutter hat schon Veränderungen an ihr bemerkt und sie höchst misstrauisch angesehen, als sie die Verdächtigungen bagatellisierend widerlegen musste. Margarethe versucht, die mürrischen Bemerkungen der Mutter auf deren wiederholt labil werdenden Gesundheitszustand zurück zu führen, denn die Ärmste leidet in letzter Zeit zunehmend an Schlafstörungen und Migräneanfällen, so dass sie mitunter ganze Tage zu Hause bleiben und ihr, Margarethe, die Verantwortung für die Pension überlassen muss.

Auch bei Heinrich F. sind Veränderungen eingetreten. Natürlich wurde er sich ebenso bewusst, was mit ihm geschehen war. Was so harmlos in hübscher Zauberhaftigkeit begann, hatte sich zu einer Leidenschaft entwickelt, an deren Möglichkeit er vor einer Woche nicht in den kühnsten Träumen hätte denken können. Er ist bis über beide Ohren verliebt in dieses Mädchen und muss sich langsam über den realistischen Fortgang dieser Beziehung klar werden. Er kann nicht einfach wegen einer Liebschaft sein ganzes Leben, all seine Verpflichtungen und Abhängigkeiten über Bord werfen. Er muss langsam und zielgerichtet an die Verknüpfung aller Komponenten seines sich verändernden Lebens denken. Es bleibt ihm noch Zeit, aber in den nächsten zwei Wochen muss er Entscheidungen treffen.

Der Freund hatte dies schon Tage früher erkannt und war bereits abgereist. Er kam sich überflüssig zwischen den turtelnden Tauben vor. Heinrich F. hatte ihn vor seiner Abreise gebeten, für ihn einige Dinge zu erledigen, die sein Bleiben hier in dem kleinen Städtchen ermöglichen. Geld musste geschickt werden, sein Urlaub musste verlängert werden und dergleichen mehr.

Zeit muss er gewinnen. Auch muss er so bald wie möglich mit Margarethe über Dinge reden, die ihre gemeinsame Zukunft betreffen, vorausgesetzt, dass sie sich für eine derartige gemeinsame Zukunft schon jetzt nach diesen wenigen Tagen entscheiden kann. Bisher haben sie sich berührt, haben andachtsvoll voreinander gestanden, haben ihre Sehnsucht zueinander in jedem Augenblick gespürt, auch wenn sie noch so eng umschlungen saßen. Welche Wonne durften sie erleben - und welche erahnen. Auch ihm, der bei weitem nicht so unerfahren in Frauenangelegenheiten ist wie Margarethe in Männererlebnissen, war in dieser einen Woche so viel Neues widerfahren, dass ihm schwarz vor Augen wird, wenn er die ganze Tragweite auszuloten versucht.

Bereits am Freitag beginnen beide, Pläne für das Wochenende zu schmieden. Hinaus in die Umgebung der Stadt wollen sie wandern, sich ein schönes Plätzchen suchen, wo sie ungestört beisammen sein können. Er erzählt ihr vom letzten Sonntag, als er mit dem Freund auf den Wiesen und Feldern herumspazierte, um die Zeit zum Abend zu überbrücken und ihr fällt beim Zuhören ein kleiner Bachlauf ein, an dem sie als Kind oft mit anderen Kindern gespielt hat. Das klingt sehr schön und sie verabreden, sich in der Mittagszeit an einem bestimmten großen Baum an der Straße, die zum Nachbardorf führt, zu treffen.

AM BACH

Heinrich wartet auf sie zur verabredeten Stunde dieses sonnigen Frühsommertages. Sie laufen auf einem Weg am Waldrand und sehen bereits den sich zwischen Wiesen dahin schlängelnden Bach, an dessen Ufern einige knorrige Weiden stehen.

Die Sonne strahlt und wärmt. Beide sind leicht bekleidet. Margarethe ist mit einem langen einfarbig zartblauen Rock und einer sehr weit ausgeschnittenen weißen Bluse bekleidet. An ihrem Hals hängt das goldene Kettchen, an das sich in der Zwischenzeit noch ein kleiner Anhänger mit einem leuchtend dunkelblauen Stein gesellt hat.

Die Haare trägt sie wieder zum Pferdeschwanz gebunden. Er ist mit grauer Hose und weißem offenen Hemd bekleidet. Auch er sieht jugendlich aus, wenn auch sein gesetzter Gang und seine Körperhaltung erkennen lassen, dass er im Vergleich zu ihr um einige Jahre älter ist.

Er hat seinen rechten Arm um ihre Hüfte gelegt. Während sie vergnügt redend in die Nähe des Baches kommen, legt sie ihren Kopf an seine Brust. Sie lachen und scherzen und sind ausgelassen glücklich. Am Bach halten sie Ausschau nach einem Ruheplatz. Eine paradiesartige Landschaft umgibt sie. Worüber sie sich unterhalten, kann man nur erahnen, auf keinen Fall behandeln sie bereits die Fragen, die ihnen beiden auf der Seele liegen. Er nimmt ihre Hände und küsst eine nach der anderen, während sie ihm lächelnd zuschaut. Wie zum Dank wirft sie ihre Arme um seinen Hals und gibt ihm einen herzhaften Kuss auf den Mund.

Sie zeigt mit der Hand auf eine scharfe Biegung, die der Bach unter dem Schatten einer der großen Weiden macht und schlägt vor, dort den Nachmittag zu verbringen. Herrlich ist es hier, der Rasen ist weich, Blumen wachsen zwischen der Wiese und dem angrenzenden Feld. Flächen von weiß leuchtenden Margeriten wachsen dort. Etwas weiter entfernt ist ein großer Strauch wilder Heckenrosen zu sehen. Da sitzen sie nun und fühlen sich eins mit all dieser Natur in ihrer frühlingshaft zarten Farbenpracht, mit ihren Gerüchen, ihrer Wärme und dem Geräusch des über einen größeren Stein plätschernden Baches.

Ihre Gespräche sind noch gehemmt von der Furcht, unbeabsichtigt zu verletzen, Fragen zu stellen, die lieber hätten unterbleiben sollen. Beide fühlen das Feuer in sich und glühen vor Verlangen, die möglichst unmittelbare Nähe des anderen zu erleben. Die Blicke, mit denen sie sich begegnen, die Berührungen, die sie sich fühlen lassen, die Worte, die sie sich sagen, sind Zeugen für tiefe Sehnsüchte. Beide beginnen, im Arm des anderen in einer schützenden Geborgenheit zu liegen; sie lassen ihre sich haltenden Hände alles das sagen, was ihre Münder nicht - noch nicht auszusprechen wagen.

Ihre Seelen schweben in einer höheren Region, stets wissend, dass jede kommende Begegnung mit ihren liebevollen Berührungen noch schöner werden wird als die gegenwärtige.

Heinrich F. spürt nicht, oder besser, er hat vergessen, dass er im Gegensatz zu dieser jungen, sich gerade entfaltenden noch mädchenhaften Frau, schon lange die Kindlichkeit in seinen Bewegungen und seiner Wortwahl abgelegt hat. Menschliche Seelen sind so eingerichtet, dass sie ineinander verschmelzen, wenn ihre Affinität zueinander einen Damm übersteigt, der sie wie zwei Wasser zusammenfließen lässt.

Margarethe hat im hohen Gras einen Käfer entdeckt und beginnt, mit diesem zu spielen, indem sie ihn von Grashalm zu Grashalm führt, bis er genug hat von der Ziellosigkeit, immer gleiche Wege gehen zu müssen, und davonfliegt.

Sie fragt nach den Freunden. Ob auch ein Mädchen unter ihnen ist, möchte sie wissen. Natürlich verneint er und das mit gutem

Gewissen, denn er ist wirklich frei und keinem und vor allem „keiner" verpflichtet. Natürlich hat er Freunde außer dem, den sie kennengelernt hat und von dem er weiß, dass er nicht den besten Eindruck auf sie gemacht hat. Er spürt, wie sie versucht, von seinem Leben alles zu erfahren. Nicht dass es ihm schwerfällt, zu antworten, aber er will nicht über das reden, was ihn zurzeit uneins mit sich selbst macht. Oft weicht er aus und stellt Gegenfragen, die ihr wiederum nicht recht sind. Beide haben sich so sehr auf diesen gemeinsamen Tag gefreut, und er ist auch wunderschön, aber ihr Zusammensein wird von einem in weiter Ferne hörbaren Gewittergrollen überschattet. Beide spüren die Schatten, die sich über die Freude legen. Sie mehr instinktiv, er mit dem Wissen um seine immer unklarer werdende Zukunft.

Sie liegen nebeneinander im hohen Gras, sehen die Wolken am Himmel ziehen, hören das Zierpen der Heuschrecken, atmen den Duft der blühenden Wiese, halten sich still die Hände und stellen Fragen, geben Antworten, lernen sich tiefer und tiefer kennen ohne auf eine Uhr schauen zu müssen, Margarethe beginnt über das, was sie bedrückt, zu sprechen:

„Wirst du an mich denken, wenn Du wieder zu Hause bist?"

Seine Antwort:

„Mindestens so viel wie du an mich."

Margarethe bemerkt, dass sie bestimmt viel mehr Zeit haben wird als er, sich zu sehnen, wenn er nicht mehr bei ihr sein wird.

„Ich kann nicht abreisen, wenn ich dich hier allein und unglücklich wissen müsste".

Als Antwort spürt er den festen Druck ihrer Hand, den er als Dank empfindet aber ebenso als Zeichen ihres Wissens darum, dass ihre gemeinsame Zeit begrenzt ist, zumindest unterbrochen werden wird.

Ja, sie ist viel allein hier in dem kleinen Städtchen, das mehr einem Dorf ähnelt, und wird später mehr als je zuvor allein sein.

Sie spürt aufkommende Tränen, wehrt sich, diesen freien Lauf zu lassen und beginnt freimütig von sich zu erzählen. Sie erzählt ihm von der Pension, von manchem Gast, der sie geärgert oder amüsiert hat, von der Mutter mit ihrer an Peinlichkeit grenzenden Genauigkeit in allen Dingen, von der Angst, ins Gerede zu kommen und damit auch nur den winzigsten Teil von Achtung einbüßen zu müssen. Betrübt stellt sie fest, dass in einem Ort wie diesem alle die Gemeinsamkeit als große Lebensnotwendigkeit vorschieben, aber im Grunde genommen nur am Sonntag im Kirchenschiff diese Gemeinsamkeit ausleben. Danach wirbeln sie auseinander und beschauen sich mit scheelen Blicken, neidvoll, missgünstig, kaum zu einem freundschaftlichen Gespräch bereit, außer, wenn es darum geht, über einen der lieben Nächsten herzufallen. Nein, so richtig glücklich ist sie hier nicht, aber es bleibt ihr keine andere Wahl, denn die Mutter ist Witwe und sie beide müssen sehen, dass das kleine Vermögen, das der Vater hinterlassen hat, nicht durch Unbedacht vermindert wird. Er hört aus diesen Bemerkungen deutlich heraus, dass sie nur schwer bereit sein wird, dieses Gefängnis zu verlassen. Schließlich erfährt er von der Krankheit der Mutter, die er in dieser Woche noch nicht kennengelernt hat. Sie leidet unter Migräneanfällen und regt sich sofort auf, was ihr wiederum zusätzliche Beschwerden bereitet. Alles in allem ist ihr Gesundheitszustand sehr labil. Dar Arzt hat diagnostiziert, dass ihr Herz mehr und mehr Probleme machen wird und angeraten, jede Aufregung zu vermeiden.

Während ihres Erzählens hat er sich aufgerichtet, schaut ihr in die Augen und lässt einen Grashalm über ihren Oberarm kitzelnd entlang streichen. Sie lächeln sich an und er erfährt weiteres, nun von der kleinen Schwester, die als Kleinkind bereits diese Welt wieder verlassen hat. Margarethe hat das Kind gepflegt, weil die Mutter nach der Geburt lange Zeit krank war. So furchtbar diese Zeit auch war, aber die tägliche Fürsorge für das Kind, die

Verantwortung, die sie, selbst noch ein Kind, auf sich nehmen musste, nein - durfte, hat ihr höchste Freude und Befriedigung verschafft.

„Möchtest du einmal Kinder haben?"

fragt er prompt dazwischen und sie schaut ihn sekundenlang tief in die Augen und antwortet ihm mit einem deutlichen

„Ja."

Er bildet sich ein, die unausgesprochenen Worte als Nachhall zu vernehmen - aber nur von dir! Er hat diesen Gedanken gedacht, schiebt ihn schnell beiseite und macht eine vielsagende Bemerkung

„Aus dir können nur kleine Engel das Licht der Welt erblicken. Sie werden nur singen und lachen!"

Margarethe wendet den Kopf zur Seite und sieht die Pracht der weißen Margeriten am Feldrand, springt auf und läuft zu den Blumen. Eine besonders große Blüte reißt sie vom Stiel und setzt sich abseits von ihm in das Gras und lässt die Blüte liebevoll durch ihre halbgeschlossene Hand gleiten als wenn sie sich dafür entschuldigen möchte, dass sie die Blüte gleich wird leiden lassen und beginnt, ein Blütenblatt nach dem anderen abzureißen und murmelt leise vor sich hin:

„Er liebt mich - Er liebt mich nicht - Er liebt mich - Er liebt mich nicht" usw. usw.

Heinrich beobachtet das Spiel, erhebt sich und geht zu ihr, setzt sich neben sie, legt seinen Arm um ihre Schultern und murmelt mit ihr, sich aber vorsichtshalber die passenden Worte zurechtlegend für den Fall, dass das Orakel schlecht für sie beide ausgeht, denn dann muss er dem Ergebnis eine Wende geben, die dem süßen Aberglauben keine Chance lässt.

Die Blume hat noch ein einziges Blatt. Sie reicht ihm den Stiel hin, wirft ihn aber von sich, bevor er ihn fassen kann, lehnt sich an seine Brust und sieht ihn fragend an, indem sie das Ende des Spieles verkündet:

„Er liebt mich?!"

Er ist erleichtert, besonders über die so wunderbare Art, wie sie diese Worte ausspricht. Es ist nicht der kindliche Liebreiz, nein, es ist die überzeugende Festigkeit, der Ernst in diesen Worten, der sein Inneres von einem Glücksschauer erbeben lässt. Wie von einem tiefen langanhaltenden Akkord einer Orgel lässt sich seine Brust in Schwingungen versetzen.

Er fasst ihre Hände und drückt ihren Körper sanft in das Gras, lehnt sich über sie und streicht ihr über den Kopf. Ganz leise kommen aus Margarethe die Worte:

„Ich habe Angst, Heinrich!"

Er bleibt weiter über ihr und streicht ihr wieder und wieder zärtlich über Haar und Wangen und drückt seinen Mund fest auf den ihren. Diese anhaltende lange innige Berührung lässt sie eins werden. Sie liegen eng umschlungen im Gras und ergeben sich ganz ihrem Glück. Beide fühlen sich als Entdecker der allmächtigen Liebe, nicht ahnend, dass diese Erlebnisse dem ganz normalen Fundus menschlicher Empfindungsfähigkeiten eigen sind.

Heinrich hört nach längerer Zeit ein gleichmäßiges ruhiges Atmen an seiner Seite. Margarethe ist eingeschlafen. Er betrachtet sie - wagt es nicht, sie zu berühren. Er fühlt, dass in ihm tief drinnen etwas überzulaufen beginnt. Es strömt hinaus aus ihm, umschließt ihn, presst ihm die Brust zusammen und lässt ihn wieder und wieder denken:

„Gott, ist sie schön!"

In ihm rauscht Glückseligkeit. Es verlangt ihn danach, ihr beim Aufwachen etwas zu schenken, ihr eine besondere Freude zu bereiten. Er schaut um sich und erinnert sich an den unten am Bach stehenden Strauch wilder Rosen, dessen pralle Knospen beginnen, Farbe anzunehmen.

Er kommt mit einer fast aufgeblühten rosafarbenen Knospe zurück, entfernt sorgfältig alle kleinen Dornen und wartet lange auf ihre Rückreise aus dem Land der Träume.

Die Schöne regt sich und er hilft nach mit der Rose. Noch mit geschlossenen Augen lächelt sie ihm entgegen und breitet die Arme zu ihm empor. Er legt ihr die Rose vorsichtig in den Ausschnitt ihrer Bluse. Sie ergreift die Knospe, drückt sie zärtlich an sich und sagt:

„Danke."

Die Sonne verschwindet hinter den Bäumen und sie laufen zurück in die Stadt. Noch lange stehen sie in einem Torbogen.

Die Rose, die er für Margarethe pflückte, hat in ihm eine Idee geboren, die er auf dem Weg nach Hause verfolgt. Er wird morgen ein bestimmtes Buch kaufen und ihr beim nächsten Treffen daraus vorlesen. Er ist sicher, dass er ihr damit große Freude bereiten wird und eine andere Ahnung überkommt ihn. Es ist die bestimmt bald zu erwartende Frage, wie es um seinen Glauben bestellt ist, denn zu oft schon hatte er bei derartigen Andeutungen ausweichend antworten müssen. Mit diesem Buch ist er in seinen Argumentationen besser gewappnet.

Erst spät am Abend fällt ihm ein, dass der Schäfer mit seinem Flötengesang während des ganzen Tages nicht zu hören war - schade.

Sie liegt noch lange wach und sieht in die folgenden Tage wie in eine ungewisse Ewigkeit.

AM SEE

Für die nächsten beiden Tage hat man keine Treffen verabredet.
Sie muss der Mutter die Möglichkeit geben, auszuspannen und er
will in die nächstgelegene größere Stadt fahren, um sich einiges
zu kaufen, unter anderem das schon erwähnte Buch.

Am späten Nachmittag des Mittwochs sieht man sich wieder. In
einem Waldstück südlich der Stadt gibt es einen kleinen See. Den
Steg, den oft Angler benutzen, hat man sich zum Treffen ausge-
sucht. Die Sonne scheint und es ist angenehm warm. Er hatte et-
was Süßes mitgebracht und das Buch steckt in seiner Jackenta-
sche und wartet darauf, seinen Inhalt zu offenbaren. Auch hat er
eine rote einzelne Rose in einem Blumengeschäft gekauft.

Sie läuft auf ihn zu und wirft sich in seine ausgebreiteten Arme,
so dass sie beinahe zusammen in den See gefallen wären. Riesiges
Gelächter ist die Folge und man malt sich sitzenderweise aus, wie
man aus dem Wasser zurückgekommen wäre, bedeckt mit grüner
Entengrütze, die Füße voll triefenden Schlammes. Pfui, kein er-
hebender Gedanke.

Nachdem sie sich beruhigt haben, greift er zu der etwas versteckt
liegenden Rose und überreicht sie ihr mit lieben Worten. Umar-
mung und Kuss folgen ungestüm. Schließlich hat man zwei lange
Tage eine Sehnsucht in sich gespeichert und gefangen gehalten,
die ins Freie drängt.

Nun sitzen sie, halten sich fest und reden über die vergangenen
Tage, nicht unbedingt wichtiger Gesprächsstoff, aber ausrei-
chend, um das Zusammensein schön zu empfinden.

Nach einer Weile zieht er das Buch hervor und fragt sie, ob es ihr
bekannt ist. Da sie verneint, fragte er, ob er ihr vorlesen dürfe.
Erstaunt über eine solche Frage bittet sie ihn darum, denn wann
hat ihr das letzte Mal jemand vorgelesen. Das muss weit zurück

in ihrer Kindheit gewesen sein. Die Großmutter hatte noch gelebt und sie entsinnt sich, mit dieser alten Frau manches Mal Bücher angeschaut zu haben.

Er beginnt, ihr seine Lieblingslektüre vorzulesen. Sie schauen sich die hübschen Bilder an und er spürt, wie sie sich von dem Text faszinieren lässt. Sie rücken noch näher zusammen, so dass sie zwischen seinen ausgebreiteten Beinen liegt. Ihren Kopf hat sie an seine Brust gelehnt und sie können gemeinsam in das Buch schauen. Die Rose hält sie in den Händen und berührt sie zärtlich mit den Worten:

„Sei nicht traurig, meine kleine Rose - dein Prinz kommt wieder, denn er kann nicht ohne dich leben. Er geht auf Reisen, um die Sehnsucht nach dir begreifen zu lernen."

Wie ein Kind schmiegt sie sich an ihn und wie ein Kind lässt sie sich ein Märchen vorlesen. Nachdem die Geschichte ihr Ende gefunden hat, Margarethe vor Rührung Tränen in den Augen hat und Heinrich sich die seinen unbemerkt aus den Augen wischen kann, gehen sie wortlos in Richtung Städtchen.

Margarethe fragt nicht nach seinem Glauben, fragt nicht danach, wann er das letzte Mal zu Beichte gegangen ist. Sie fragt nicht einmal, ob er der gleichen Konfession angehört wie sie. Sie hat Heinrich verstanden und fühlt sich geborgen in der Stärke, die von ihm ausgeht. Er hat ihr Worte vorgelesen, so schön, so einfach und so tief. So tief, dass sie beginnt, diesen Worten mehr Glauben zu schenken als denen des Priesters. Und ihr ist, als hätte sich vor ihr eine Tür geöffnet, vor der sie schon lange stand, um in eine blühende Landschaft zu gehen, die sie aber nicht selbst zu öffnen imstande war. Und nun sieht sie in eine faszinierende Weite, lässt die Worte in sich nachklingen, weiß um ihre Bedeutungen und wünscht sich, weiter, immer weiter zu laufen in diese Richtung. Sie möchte dies alles dem neben ihr gehenden Mann sagen, aber nur ihre Lippen presst sie auf die seinen und bringt keinen Laut hervor.

Heinrich weiß jetzt, wie richtig es war, dieses Märchen vorzulesen, denn er sieht in ihrem Gesicht, in ihrem Schweigen, wie sehr sie betroffen ist.

Sein Bekenntnis wurde von ihr verstanden - und akzeptiert.

Wenn er wüsste, welchen Keim er heute in die Seele dieses Mädchens eingepflanzt hat - er hätte wohl doch Reue gespürt.

DIE ERNÜCHTERUNG

Dieser Tag hält noch Überraschungen für beide bereit.

In seiner Unterkunft angekommen, findet Heinrich F. einen Brief des Freundes vor, in dem dieser ihm mehr oder weniger berechtigte Vorwürfe macht, warum er noch nicht zurückgekommen ist. Schließlich hat er Verpflichtungen und er kann nicht alles für ihn erledigen. Wie er sich überhaupt die Zukunft vorstellt. Ob er die Absicht hat, in diesem Nest wegen eines hübschen Lärvchens zu verkümmern. Wenn er glaubt, sich verliebt zu haben, sollte er das lieber schnell wieder vergessen. Er, der Freund, bereue es, dass er ihm behilflich war bei dieser Eroberung. Der Freund rät ihm mit allem Nachdruck, in die Wirklichkeit zurück zu kommen und das schnellstens! Dreimal hat er riesengroß das Wort „Aufwachen" unter seine Unterschrift gesetzt.

Der Brief trifft Heinrich F. wie eine eiskalte Dusche. Das Schlimmste daran ist, dass der Freund so unrecht nicht hat. Er wird doch selbst bereits mit der Frage gequält, was er eigentlich will, wohin das führen soll?

Er wirft sich zornig auf das Bett. Es war so schön mit ihr am See und nun diese verfluchte Realität. Warum kann man nicht ewig in einem Traumzustand verweilen? Morgen wird er versuchen, Entscheidungen zu treffen, heute möchte er nur noch in Gedanken bei ihr sein.

Margarethe hat, in ihr Zimmer kommend, noch immer die Rose Heinrichs in der Hand. Anstatt sie in die Vase zu den anderen Rosen aus Marthas Garten zu stellen, legt sie die Blume auf das Kopfkissen ihres Bettes. Sie denkt an die Rose der kleinen Geschichte, von der sie heute so viel gehört hat und es drängt sie, ihrer, dieser einen nur für sie bestimmten Rose etwas von der

Liebe zu geben, die sie selbst heute in vollen Zügen empfangen hat.

Nachdenklich geht sie im Zimmer auf und ab, tritt vor den an der Wand hängenden Spiegel, sieht sich an, lächelt sich an, reckt sich, indem sie die Arme über den Kopf in die Höhe streckt, fährt sich mit beiden Händen durch das Haar. Sie ist glücklich - nein überglücklich. Sie lässt ihre Hände über den Körper streichen, umfasst ihre Brüste und geht auf in den Erinnerungen an die Berührungen, die sie durch den Mann, diesen wunderbar Liebenden, kennenlernte und mit ungekannter nie erahnter Wonne fühlen durfte. Sie hört seine Stimme und atmet an jeder Stelle des Zimmers, in jedem ihrer Gedanken den berauschenden Rosenduft.

Fragend sieht sie sich an und sucht eine Erklärung für ihre Erregung. Sie zweifelt, sie lächelt, schüttelt ungläubig den Kopf, erinnert sich an ihre erste Begegnung mit Heinrich auf dem Platz vor der Kirche, wie sie schlagfertig reagierte. Stolz war sie auf sich, dass sie diese Situation so gut gemeistert hat. Die Erinnerung an dieses Zitat lässt sie plötzlich neugierig auf dessen Fortsetzung werden, denn es ist schon lange her, dass sie diese Pflichtlektüre in der Schule kennenlernte.

. Sie geht zu dem kleinen Bücherbord, sieht sich suchend die Buchrücken an und nimmt das Buch heraus, blättert darin und findet nach einigem Suchen die besagte Stelle, überfliegt sie, lächelt darüber und blättert weiter. Sie liest halblaut, recht schnell und ohne weitere Betonung den Anfang der folgenden Verse.

> Meine Ruh ist hin,
> mein Herz ist schwer;
> Ich finde sie nimmer
> und nimmermehr.
> Wo ich ihn nicht hab,
> ist mir das Grab …

Hier stockt sie, sie hat doch richtig geahnt, wie sehr die bekannten Worte ihrem eigenen Empfinden, ihrer derzeitigen Situation, ihren Gefühlen gleichen. Wie wunderbar, dass diese Ängste und Freuden schon andere vor ihr empfanden und in Worte zu kleiden wussten. Sie selbst wäre solcher Worte nicht fähig. Sie liest und sieht mehr und mehr sich selbst in den Versen.

> die ganze Welt
> ist mir vergällt.
>
> Meine Ruh ist hin,
> mein Herz ist schwer;
> ich finde sie nimmer
> und nimmermehr.
> Nach ihm nur schau ich
> zum Fenster hinaus,
> nach ihm nur geh ich
> aus dem Haus.
>
> Sein hoher Gang,
> Seine edle Gestalt,
> seines Mundes Lächeln,
> seiner Augen Gewalt,
>
> und seiner Rede
> Zauberfluß,
> sein Händedruck,
> und ach, sein Kuß!
>
> Meine Ruh ist hin,
> mein Herz ist schwer;
> ich finde sie nimmer

und nimmermehr.

Mein Busen drängt
sich nach ihm hin:
Ach, dürft ich fassen
und halten ihn
und küssen ihn,
so wie ich wollt,
an seinen Küssen
vergehen sollt!

Während des Lesens hat sie ich auf das Bett gesetzt und nach der letzten Strophe dieses Gedichtes legt sie sich neben ihre Rose und lässt ihren Gedanken freien Lauf bis sie einschläft. Ganz gegen ihre Gewohnheit ist es, sich in das Bett zu legen, ohne sich gewaschen und bettfertig gemacht zu haben.

Sie gleitet ab in die Welten ihrer Träume, in denen es in diesem kurzen Schlaf besonders viel zu erleben gibt. Zurück kommen die kleinen Bilder des Tages. Ein kleiner Fuchs lacht sie an und bellt freundlich neben ihr, zum Berühren nahe, entschwindet aber riesengroß werdend bei dem Versuch, ihm über das Fell zu streichen. Die Rose neben ihr auf dem Kopfkissen mag den anderen Traum angelockt haben: Sie steht neben ihrem Bett und sieht die Rosen Marthas in der Vase auf ihrem Tisch, schaut zu Boden und stellt fest, dass dort eine andere liegt, noch schöner als die auf dem Tisch Stehenden.

Sie erschrickt, bückt sich und hebt die Rose vorsichtig auf, betrachtet sie und erfreut sich lächelnd an der Schönheit der Blüte. Ein betäubender Duft entströmt ihr. Sie fühlt, dass diese Rose schon einmal eine besondere Bedeutung für sie hatte, kann sich aber nicht entsinnen. Sie wühlt krampfartig in ihrem Gedächtnis herum, findet aber nicht, was es mit dieser Blüte auf sich hat.

Sie hält die Rose in der Hand, sieht sie in ihrer Schönheit vor sich leuchten und schmerzende Lähmung überkommt sie in dem Moment, in dem die Blütenblätter eines nach dem anderen sich lösen und mit einer für Rosenblätter ungewohnten Schwere zu Boden fallen. Margarethe hält den leeren Stiel in der Hand.

Sie ist entsetzt, kann weder schreien noch sich rühren, sieht ungläubig auf den kahlen Stiel und kommt langsam, viel zu langsam, wieder zurück in die Erdenwelt. Schütteln überkommt sie und indem sie wieder völlig wach die Rose Heinrichs neben sich auf dem Kopfkissen liegen sieht, nähert sich ihre Hand mit Grauen der welk und müde aussehenden Blüte. Wie erleichtert ist sie, dass kein Blütenblatt sich löst. Sie nimmt die Rose und stellt sie zu den anderen.

Sie ist aufgewühlt von dem Traumerlebnis und fürchtet, nicht einschlafen zu können. Wäre er doch jetzt bei mir und ich könnte in seinem Arm liegen. Alles könnte ich vergessen. Alle bösen Träume würden mir nichts anhaben können, wenn er mich beschützt. Er ist so stark und ich fühle mich so geborgen bei ihm.

Am liebsten hätte sie sich angezogen und wäre zu ihm gegangen, hätte sich zu ihm in das Bett gelegt, um in seinen Armen, unter seinen Liebkosungen einzuschlafen.

Sie nimmt sich nochmals das besagte Buch, in dem sie vorhin das ergreifende Gedicht las, legt sich zurück auf das Bett und beginnt, weiterzulesen, blättert vorwärts im Buch, mehr und mehr erkennend, dass sich diese Geschichte wie ihre eigene darzustellen scheint und in ein tragisches Ende mündet. Bevor sie zum Schluss der Tragödie kommt, schlägt sie das Buch heftig zu und ihr Körper beginnt zu zittern.

Ihre Augen suchen, furchtsam getrieben von dem, was sie in dem Traum und in diesem Buch erfahren musste, wieder nach den gefallenen Blütenblättern. Aber nichts liegt auf dem Boden. Sie sieht das im Mondschein leuchtende goldene Kreuz über dem

Fußende ihres Bettes und beginnt stumm zu beten, zu bitten, Gott möge ihr das Glück, das sie als Wunder empfindet, nicht nehmen, er möge sie beide zusammenführen, um nie wieder voneinander getrennt zu werden. Lange sprudeln aus ihr die Wünsche herüber zu dem Allmächtigen.

Das vom Kreuz reflektierte Licht des Mondes fällt auf Margarethe und flüstert ihr den nächsten Alptraum zu:

„Du bist im Begriff, der Sünde zu verfallen - wenn du nicht sofort umkehrst in Reue und Demut, wird die Gemeinschaft der Christenheit aufhören, deine Heimat zu sein!"

Aber wie soll sie umkehren, wenn die Liebe zu dem Mann doch so groß ist, schluchzt es in ihr. Irgendwann in dieser Nacht kommt der Schlaf in sie zurück - traumlos und tief.

DIE ENTSCHEIDUNG

Wieder Sonntag. Zwei Wochen Glückseligkeit mit fast täglichem Sehen, Berühren, Tasten von Seele zu Seele liegen hinter ihnen. Der Frühling meint es besonders gut in diesen Tagen und lockt das Paar wie auch viele andere Stadtbewohner in die aufblühende Natur.

Heinrich und Margarethe haben sich wie am Sonntag zuvor an der Stelle verabredet, an der der Bach einen scharfen Knick macht und an einem kleinen Hang Schutz bietet vor den Blicken neugieriger Spaziergänger. Die Stadt mit seinen beiden großen Kirchtürmen ragt hinter den Wiesenhügeln hervor. Auch einige Giebel und Dächer der höheren Häuser sind zu sehen.

Es ist früher Nachmittag und beide liegen nebeneinander, necken sich, reden, umarmen sich, sind unbeschwert zärtlich. Heinrich kaut an einem Grashalm, mit dem er ab und zu Margarethe über den freien Rücken streicht, so dass sich ihre Haut zu kräuseln beginnt.

Margarethe bedrückt das Zusammentreffen mit dem Priester nach dem Gottesdienst am heutigen Morgen. Wie immer hat er sie zu sich mit einigen anderen gerufen, denn sie gehört trotz ihrer Jugend zu den Aktiven der Gemeinde, die auch bereit sind, Hand anzulegen bei notwendigen Diensten in Kirche, Pfarrhaus und zugehörigem Anwesen. Im Lauf der Jahre hat sich dieser Kreis zu einer Art familiärer Ordnung formiert, der neben gemeinsamer Arbeit auch manche Feier organisiert und diese im großen Kreis der Stadtbewohner, ausnehmend Gläubige gleicher Konfession, zusammen erlebt.

Margarethe scheute sich erstmals vor dem Blick des Priesters, vor allem vor dem Zusammensein unter vier Augen oder womöglich gar in der Intimität des Beichtstuhles. Wie zum Trotz ergab es sich, dass sie von ihm aufgefordert wurde, in besagtem Stuhl Platz zu nehmen und gezielt fühlte sie sich angesprochen, ob sie sich nicht befreien wolle von dem, was sie bedrückt. Warm und väterlich sprach die vertraute Stimme zu ihr. Sie versuchte, jedes Zittern in ihrer Aussprache zu vermeiden, verneinte und gab sich so natürlich wie immer. Der Priester drang nicht weiter in sie ein, meinte aber, dass er wohl in Zukunft mehr als bisher ein beschützendes Auge auf sie richten müsse.

Das konnte nur bedeuten, dass ihre Liebe zu Heinrich bereits zu ihm durchgedrungen war und man in der Stadt wesentlich mehr über ihre Beziehung zu dem Fremden weiß, als sie beide ahnen. Womöglich ist ihre Mutter ebenfalls schon eingeweiht.

Sie hat so sehr recht mir dieser Vermutung. In der Mitte der zweiten Woche passierte es, dass ein Jemand zu einem anderen Jemand auf der Straße eine Bemerkung machte, dass die Margarethe in einer Eile vorüber geflitzt wäre, die man nicht gewohnt an diesem Mädel war. Der andere Jemand konnte nichts dazu sagen, fragte aber bei der nächsten Gelegenheit einen dritten Jemand, der dies zwar nicht bestätigen konnte, aber anderes von diesem Mädel zu registrieren glaubte. Ein Mann hat nicht weit vom Haus, in dem diese Margarethe mit ihrer Mutter lebt, gestanden. Noch dazu war es ein Fremder, der in der Pension in der Straße So-und-so seit einiger Zeit wohnt. Aus diesen zwei Bemerkungen ergab sich eine Dritte und es gesellten sich wie in einem Lauffeuer die unmöglichsten Annahmen und Gerüchte hinzu mit dem Ergebnis, dass sie am Sonntag beim Kirchgang ohne dies zu ahnen, bereits Spießruten lief. Da es kaum jemanden in der Stadt gab, der Margarethe nicht kannte, war die gesamte Stadtneugier alarmiert und suchte in ihr, an ihr, um sie herum nach Anzeichen wie im Walde nach Pilzen. Auch über ihn holte man sich Informationen ein. Viel war nicht in Erfahrung zu bringen, so dass das Fehlende von den unzähligen Jemands hinzugedichtet wurde und hinter vorgehaltener Hand als absolut sichere Wahrheit verklatscht wurde.

Wie gewöhnlich: alle wissen Bescheid, nur nicht die, um die es geht.

Dieses Unwissen ist es, das sie so glücklich und unbeschwert beieinander liegen lässt, denn hätten sie geahnt, was um sie herum bereits passiert ist, hätten sie keine ruhige Minute gehabt und ständig nur Ausschau gehalten nach neugieriger Lüsternheit.

Margarethes Gedanken kreisen wieder und wieder zurück zu den Worten des Priesters und nach längerer Zeit des Schweigens beginnt sie davon zu sprechen.

Sie erzählt ihm vom heutigen Morgen - alles. Sie spricht von den Ängsten, die nicht aus ihrem Kopf herauswollen, die sich in ihr festgefressen haben, deren Ursache aber doch so schön ist, dass sie froh ist, sie in sich zu spüren. Sie gesteht Heinrich, dass sie sich nach diesen zwei Wochen selbst nicht mehr zu kennen glaubt. Wie konnte sie sich nur so grundlegend verändern?

Sie konfrontiert ihn mit der Bemerkung:

„Heinrich, du hast mir meinen Glauben genommen".

Heinrich hört dem Mädchen zu, das in einem so ruhigen Ton all das erzählt, mit einer so ruhigen selbstbewussten Stimme, dass er sich ins Abseits gestellt fühlt. Was hat er getan? Er hat dieses Mädchen nicht verführt im Sinne des üblichen Sprachgebrauches, denn so rein war ihre Beziehung bisher, dass nicht das Mindeste an Bösem oder Unanständigem dabei war.

Nein, ganz anders ist es. Er hat sie verführt auf einen Weg, der sie abbringt vom sogenannten rechten Weg, dem sie bisher unschuldig im Glauben an Gott, in Demut, folgte. Ist er schuldig? Gibt es ein Zurück für sie? Nein! Ein Mensch, der sich mit einer derartigen Bereitschaft wie Margarethe dem Neuen gegenüber öffnen kann, alle Gedanken, alle Schlussfolgerungen mit jeder nur möglichen Konsequenz verarbeitet und weiter und weiter drängt im Wissensdurst, ist nicht umkehrbar.

Nach einer Pause fährt sie fort:

„Aber du hast mir einen neuen Glauben gegeben. Dafür möchte ich dir danken, mein Liebster."

Wie sehr bewundert Heinrich dieses Mädchen. Es drängt ihn, sich ihr zu Füßen zu werfen. Er beherrscht sich.

„Heinrich, verzeih mir, wenn ich dich so direkt frage, aber - glaubst du an Gott?"

Er wusste, dass diese Frage ihm einmal so direkt gestellt werden wird. Auch wenn ihm ihre Zweifel bewusst sind, so möchte er doch nicht so anmaßend sein, ihren Kinderglauben zu verurteilen.

Wie froh ist er, dass er vor Tagen am See der Beantwortung dieser Frage vorgebeugt hat.

Er antwortet:

„Ich weiß, dass du glaubst und ich beneide dich um die skrupellose Hingabe, mit der du diesen Glauben leben kannst."

Margarethe muss sich eingestehen, nichts anderes als eine solche Antwort erwartet zu haben und sagt mit einer leichten Traurigkeit in ihrer Stimme:

„Es ist so leicht, zu glauben, wenn man bereit ist, sich diesem Glauben ganz zu ergeben. Der Glaube an Gott gab mir bisher Sicherheit, Geborgenheit, Freunde und das Bewusstsein, niemals allein sein zu müssen."

Nach einer kleinen Denkpause ergänzt sie ihre Worte:

„Aber in den zwei Wochen unserer Bekanntschaft ist zu dem Glauben etwas hinzugekommen, von dem ich noch nicht sagen kann, ob es diesen Glauben stärken oder ob es von diesem Glauben etwas nehmen wird, ob es ihn verändern oder ihn unter sich begraben wird. Dieses Neue ist die Liebe, die du mir gibst und die ich aus übervollem Herzen an dich zurückgeben will".

„Schön hast du das gesagt, mein Liebes. Lass mich das noch erweitern: ist die Liebe, die ich dir gebe, die ich von dir erhalte, nicht ebenso oder noch schöner, als die, die du durch den Glauben an einen Gott, an einen Erlöser Jesus Christus, erfährst? Zumindest ist diese Liebe greifbar, erlebbar, fühlbar."

Nachdem er dies gesagt hat, bereut er schon, dass er den Begriff Gott relativiert hat. Er hätte nicht sagen dürfen „einen Gott", sondern nur „Gott" und noch während er hofft, dass sie es überhört hat, kommt schon die Entgegnung:

„Es gibt nur *einen* Gott, Heinrich, und an diesen Einen zu glauben, ist so wichtig - und sollte auch für dich wichtig sein! Aber ich muss eingestehen, dass ich bereit bin, zu relativieren."

„Du hast so recht, Margarethe, aber es ist nicht so einfach, wie es dir scheint. Ich will deinen Glauben akzeptieren, wie er zu dir gehört. Ich werde dich lieben mit deiner Hingabe zu einem Höchsten, denn es macht mir unsagbare Freude, dich in diesem Glauben zu sehen, zu erleben. Er gibt dir den madonnenhaften Liebreiz, den ich so sehr an dir bewundere und der mir das Gefühl gibt, dich anbeten zu müssen wie eine Heilige. Ohne Vorurteile mich einer Religion hingeben kann ich leider nicht. Ich habe gelernt, zu abstrahieren und dabei verlernt, Gott als eine Allmacht zu akzeptieren."

Nein, sie ist nicht enttäuscht über seine Worte, wenn sie auch das mit der Madonna als übertrieben sofort vergessen möchte. Sie wundert sich über sich selbst, dass sie ihm etwas antwortet, das ihr vor zwei Woche nicht in den Sinn gekommen wäre.

„Ich weiß, warum du mir am vergangenen Sonntag dieses kleine Buch vorgelesen und geschenkt hast. Dort ist dein Glaube verborgen, dein Glaube an alles Schöne und Gute im Menschen. Sind es nicht nur Äußerlichkeiten, die sich trennend dazwischen schieben? Du bist so gut, so ehrlich, so lieb, dass ich spüre, du verdrängst meinen Gott aus mir - nicht vorsätzlich, aber so muss es wahrscheinlich sein, wenn man vor zwei Wegen steht und man sich nur für einen entscheiden darf.

Das geht alles so rasend schnell. Seit ich denken kann, weiß ich nur von dem Gott, zu dem meine Mutter ihre Gebete schickte und später hat sich der Priester um die Festigung meines Kinderglaubens mit Erfolg bemüht. Wie mir bis vor wenigen Tagen schien, war er unerschütterlich. Nun kommst du und binnen zwei kurzer Wochen rüttelst du an meinen Grundfesten und bringst alles durcheinander! Heinrich, das ist nicht lieb von dir!"

Den letzten Nachsatz begleitet sie mit einem wunderschön verschmitzten Lächeln, der ihn zwingt, sich auf sie zu werfen, in das Gras zu drücken und das Gespräch zugunsten praktizierender Liebe abzubrechen. In Margarethe arbeiten die Gedanken jedoch weiter. Sie kann sich nicht frei auf seine Liebesbezeugungen konzentrieren und möchte weiterreden.

Dass er fest in seinen Grundsätzen ist, durch Wissen viel stärker in Willens- und Entscheidungskraft ist als sie, spürt sie seit ihren ersten Gesprächen. Dieses Gefühl der Unterlegenheit hat sie bisher abgehalten, derartige Fragen zu stellen, aber die wachsende Vertrautheit und damit auch die Gewöhnung an seine Art, zu reden und sie in ihrer Art vorurteilslos zu nehmen, sie zu akzeptieren, wie sie ist, wie sie sich fühlt, wie sie ihn zu lieben imstande ist, gibt ihr den Mut, dieses für sie so wichtige Thema weiter zu hinterfragen. Mehr möchte sie wissen und versuchen, selbst Antworten zu finden.

Auch in ihm arbeitet es weiter. Ihn erstaunt ihre Fähigkeit, so leicht zu verstehen. Diese Weitsicht hätte er von ihr nicht erwartet. Er ist bei weitem nicht stolz darauf, ihr womöglich den Kinderglauben abspenstig zu machen. Es macht ihn eher betrübt, denn er weiß um die praktischen Probleme, die derartige Konflikte nach sich ziehen können und müssen. Sie wächst für ihn in ungeahnte Höhen. Wie kann ein Mädchen in einer derartigen

Einöde, in einer solchen stupiden Umgebung zu solchen Gedanken kommen. Was ist das für eine Frau? Mag es unsinnig sein oder nicht, sie ist doch die Rahel, die er bereits am ersten Tag in ihr sah. Sie ist eine Göttin und er wird wohl sein weiteres Leben kniend vor dieser Einen verbringen dürfen.

Seine Gedanken verlieren sich in der Zukunft und sehen die Engstirnigkeit dieses Ortes, der eine unüberwindbare Mauer von hinter Gottesfürchtigkeit verstecktem Hass errichtet. Missgunst und Neid werden sich zwischen sie drängen und ob sie beide so stark sein werden, diese Gegnerschaft zu besiegen, wagt er nicht zu hoffen. Schwer wird es werden, die Gewohnheiten, die Traditionen mit dem erhofften zukünftigen Zusammenleben zu verbinden, denn dass sie bereits von einer derartigen gemeinsamen Zukunft zu träumen begonnen haben, müssen sie sich, wenn auch noch unausgesprochen, eingestehen.

Er hatte sich mutig vorgenommen, Entscheidungen zu treffen, aber er ist noch immer nicht imstande dazu. Im Gegenteil. Etwas Neues ist in ihm und in der Liebe zu dieser Frau vor wenigen Momenten geboren worden. Es ist das Gewissen, dass ihn berührt hat und in ihm zu wühlen beginnt, so als würde man in einer offenen Wunde mit einem harten Gegenstand rühren. Schreien möchte er im Ahnen der Schmerzen, die er dieser Frau und sich selbst zuführen wird, wenn sich nicht eine Lösung für die Zukunft finden wird.

In einem kleinen Boot fühlt er sich mit ihr, in ruhigem warmem Gewässer, aber wissend, dass eine leichte Strömung ihr Boot zielsicher auf einen Abgrund, auf reißende Strudel zutreibt. Und in dieser Vision fürchtet er zu erkennen, dass er im entscheidenden Moment nicht die Kraft und den Mut aufbringen wird, sie rettend aus dem vernichtenden Strudel zu ziehen.

Wird er schuldig werden am Schicksal dieser Einzigen? Er fühlt sich bereits schuldig. Werden sie beide zugrunde gehen an dieser wunderbaren Liebe? Er denkt diese Gedanken, sie erschüttern ihn - aber er verdrängt die emporkeimende Ahnung der Lust zuliebe, die ihn an sie fesselt, die ihn den Augenblick genießen lässt.

Doch die Sorge hat von ihm Besitz ergriffen und die Gedanken spulen sich weiter in ihm ab. Er versucht, in ihre Empfindungen einzudringen, um nach dem zu suchen, was ihr Kraft geben könnte. Wie scheu und lieb versucht sie, zu glätten, was ihr an Hindernissen für eine gemeinsame Zukunft im Wege zu stehen scheint. Ist es der Glaube an ihren Gott, der ihr diese Hoffnung einflößt, der ihr diese Sicht ermöglicht, der ihr eine solche Urteilskraft gestattet? Die Zeit wird ihm knapp für weitere Überlegungen. Schon zu lange dauert das Schweigen zwischen ihnen.

Er weiß keinen Ausweg. Er will den Augenblick und nicht die Zukunft sehen. Umkehren, solange noch Zeit ist, wäre das Logischste. Genau das tun, was der Freund ihm mit zornigen Worten ans Herz gelegt hat.

Nein - er kann und wird nicht von ihr lassen. Zu schön ist die derzeitige Erfüllung aller nie gehabten Träume. Sie spürt das ebenso wie er - dessen ist er sich gewiss.

Nach zu langer Pause des Schweigens schauen sie sich an mit dem Wissen, gleiches mit gleichem Ergebnis überdacht zu haben. Margarethe zieht es nach Hause, um allein mit ihren Gedanken zu sein.

Eigentümliches geschieht. Lange blicken sie sich tief in die Augen und diese von beiden soeben gedachten Gedanken wandern in ihren Blicken von einem zum anderen, hin und her, wieder und wieder. Blicke bereiten das vor, was Margarethe in die Tat umsetzt. Sie steht auf, wendet sich um und geht langsam von ihm fort. Er lässt sie gehen und es wundert ihn nicht, dass sie sich nicht umschaut. Kein Abschied, kein Händedruck, kein Kuss.

Alles, was ihm in den Minuten zuvor durch den Kopf ging, legt sich nochmals lähmend mit gigantischer Schwere auf ihn. Wie recht hat sie, wenn sie geht und alles in einen Rahmen von schönsten Erinnerungen einschließt. Er schaut ihr nach, wie sie festen Schrittes davon geht. Würde sie springend wegrennen, wäre er ihr sofort nachjagend gefolgt. Aber dieses Schreiten durch die Frühlingswiese, diese Sicherheit, die von ihr ausgeht, macht ihn willenlos, lähmt ihn in eine grenzenlose Bewunderung.

Sehr weit ist sie gegangen. Die Wiesenhügel lassen nur noch ihr blondes Haar erkennen und etwas in ihm zerreißt, lässt ihn aufspringend emporschnellen, zwingt ihn, zu laufen, als würden seine Mörder ihn verfolgen. Er kann nicht rufen. Die Stimme versagt ihren Dienst. Er sieht sie im Laufen größer werden und rast auf sie zu. Noch immer hat sie sich nicht umgesehen, aber welches Geräusch, welche Stimme ihr auch sagen mag, dass er ihr nachläuft - sie bleibt ruhig, erstaunlich ruhig stehen, wendet ihren Körper und sieht ihn keuchend auf sie zukommen. Einen Moment verharrt sie in der gleichen Lähmung, in der er sich noch soeben befand. Dann aber zerreißt auch in ihr jeder Wille zur nüchternen Vernunft und sie läuft ihm entgegen, nein, sie schwebt auf ihn zu wie ein Engel und landet in seinen Armen. Sie haben sich wieder und beide spüren die Tränen, die aus den Augen des anderen herausquellen und sich auf ihren aneinander gepressten Wangen vermischen.

Sie reden kein Wort, denn alles ist gesagt, alles ist entschieden. Sie werden den Kampf aufnehmen. So gehen sie langsam der Stadt zu.

Melodien klingen vom Wald zu ihnen herüber. Es ist die Flöte des Schafhirten, die Heinrich bei seinem ersten Spaziergang hörte und die er so gern schon am letzten gemeinsamen Sonntag wiedergehört hätte. Jetzt wird diese Musik zur schönsten Begleitung für ihren Neuanfang - für die Endgültigkeit. Sie folgen dem Schall und entdecken nach Durchqueren eines Waldstückes auf einem Hang die ganze Herde und am Waldrand den Flötenspieler. Sie nähern sich auf etwa hundert Meter und setzen sich auf einen Baumstumpf. Lange hören sie zu - lange, sehr lange. Sie schweigen und nur der Druck ihrer Hände spricht von ihrem Glück - aber auch von ihrer Angst. Sie sehen den Schafen zu, deren Lämmer um sie herumspringen, sie sehen die Lämmer an den Zitzen ihrer Mütter hängen, sie sehen die beiden Hunde, die faul im Gras liegen. Und sie hören den Melodien der Flöte zu. Vergessen haben sie die Zeit, denn in Paradiesen löst sich die Zeit auf in Schönheit. Abend wird es und kühl. Sie rücken noch näher aneinander, aber es drängt sie noch immer nichts, den Ort zu verlassen. Wie sollten sie sich auch freiwillig aus einem Paradies entfernen. Erst als Kälte, Dunkelheit und auch der Appetit auf etwas Essbares sie ernüchtert, machen sie sich auf den Heimweg. Auch auf diesem Wege reden sie kaum. Beide wissen, dass sie sich während dieses Abends verbunden haben und nicht mehr voneinander lassen werden.

Sie haben das Haus erreicht. Sie schaut ihn an - er schaut sie an und liest in ihren großen feuchten Augen eine tiefe Sehnsucht, eine Bereitschaft, zu geben, zu nehmen, zu schenken und mit einem Schaudern im Rücken ergänzt er sich den Gedanken - zu opfern.

DIE ERSTE NACHT

Sie stehen vor dem Haus Margarethes. Die Mutter ist in der Pension. Margarethe schließt die Tür auf und sie gehen zusammen hinein, als wären sie schon ewige Zeiten hier gemeinsam zu Hause. Nun ist es soweit. Margarethe bittet ihn, zu warten.

In ihr Zimmer eintretend findet er Margarethe im Bett liegend vor, die Decke bis zum Kinn hochgezogen und damit nicht nur die Stellen weiblicher Scham bedeckend, sondern den ganzen Körper, dessen Seelenleben zu gleichen Teilen aus Scham und Bereitschaft besteht, erwartungsvoll ängstlich, den Mann zu empfangen, wissend, dass dieses Empfangen Schmerzen bereiten wird, hoffend, dass diese Schmerzen ihr nicht das Gefühl des Glückes nehmen werden. Sie wünscht sich so sehr, ihn glücklich machen zu können mit ihrer Bereitschaft zum intimsten Beisammensein.

Neues will sie, Neues wird sie erleben, empfinden. Aufgehen will sie in ihm, dem so zärtlich Liebenden. Möge er Geduld mit ihr haben, dass sie sich ihm von ganzem Herzen, mit aller Hingabe öffnen kann. Welch Sehnen erfasst sie nach seinem Körper, nach seiner Nacktheit, nach seinen Berührungen, nach seiner Ehrlichkeit. Wie liebt sie diesen Mann! Glücklich möchte sie sein dürfen, wenn auch mit leisem Zittern.

Es ist noch nicht dunkel. Übergang ist vom Tage zur Nacht mit dem von ihr so geliebten Zwielicht, das auch bei kalten Tagen wohlige Wärme erahnen lässt. So wartet sie auf ihn, der sich nicht vor ihr ausziehen möchte, der in seiner Nacktheit zu ihr kommen will, um sie in der ihren zu begrüßen. Er steht plötzlich vor ihr und sie stellt fest, noch nie einen unbekleideten Mann gesehen zu haben. Sie sehnte sich soeben danach und jetzt, wie er vor ihr steht, muss sich fragen, ist das nun komisch oder erhebend, ihn so zu sehen? Sie braucht sich diese Frage nicht zu beantworten, denn er sieht sie an und sie erwidert seinen Blick und empfindet es so wunderschön, wie er vor ihr steht, in ihr Gesicht, in ihre Augen sieht, forschend, was und vor allem wie sie wohl das, was kommen soll, empfindet.

Ihr Blick sagt ihm, dass sie das erste Mal einen Mann empfangen wird und ihr Blick sagte ihm auch alles andere, was sie sonst bewegt. Angst befällt ihn, ihr Schmerzen zu bereiten. Er will dieser Wunderbaren nicht weh tun, er möchte ihr mit all seinen Fasern zeigen, wie wertvoll sie ihm ist, welchen unsagbaren Schatz er in ihr sieht und den zu hüten er die festeste Absicht hat. Er will sie überzeugen davon, dass es außer ihr nichts gibt, das Wert für ihn haben könnte. Sie ist in den beiden Wochen ihres Zusammenseins zu dem geworden, was sein Leben ausmacht. Sie wurde ihm zum Lebensinhalt, zum Ziel, zum eigenen Ich.

Er legt sich neben sie und beginnt, ihren Kopf zu berühren, streicht ihr die Haarsträhnen aus der Stirn, küsst sie. Lange bleiben sie so nebeneinander liegen in leichter Umarmung, Kopf an Kopf - wortlos. Nur seine rechte Hand legt sich auf ihre Wange und beginnt langsam Kreise zu ziehen, beginnend über Kinn und Stirn.

Alles, was noch an Ängstlichkeit vor dem Neuen in ihr zittert, legt sich und macht einem Gefühl der Geborgenheit Platz. Ganz langsam weiten sich die Radien seiner Handbewegungen aus, streifen die Decke weiter und weiter von ihrem Körper zurück. Seine Lippen folgen diesen freiwerdenden Körperteilen, bleiben abwechselnd an den spitzen Erhöhungen ihre festen Brüste hängen, sie mit Küssen bedeckend.

Ihre Arme begleiten seine Bewegungen, antworten ihm, seinen Kopf umfassend. Immer wieder durchzuckt ihn der Gedanke, ja nichts zerbrechen in diesem zarten Geschöpf und er beginnt, an eigenen Verzicht zu denken. Weiter lässt er sich in Zonen ihres

Gartens herab, der ihm vorkommt wie die verbotene Stadt eines fernen Landes. Er spürt ihren weichen Flaum, lässt sich herunter gleiten an ihren Schenkeln und Beinen und geniest die Erregung, die sich unter seinen Händen und Küssen entwickelt. Unter der Wärme seiner Hände, unter der Feuchte seines Atems wird sie weich wie Wachs in der Wärme der Sonne, gibt sich den zarten Liebkosungen hin und denkt an keinen möglichen Schmerz mehr. Er genießt die hingebungsvolle Weiche dieser Schmelze, die Kühle ihrer Haut, den Duft ihres Körpers und wünscht sich, diesen Zustand in die Unendlichkeit ausdehnen zu können.

Seine Lippen finden sich inmitten ihrer Scham und die Feuchte, die dieser Höhle entströmt, mischt sich mit den Tränen, die aus seinen Augen fallen. Das Salz der Tränen, ihr Duft, die Berührungen seiner Hände, seiner Lippen lassen sie das erreichen, was man als das höchste Glück zu bezeichnen gewohnt ist. Welche Wonne! Reinste Freude strahlt ihm entgegen, als er nach langem Verweilen am intimsten Ort sich scheu die Tränen aus den Augen wischend zu ihr emporblickt. Er hat ihr das geben können, was er ersehnt hatte. Sie ist unsagbar glücklich und zeigt es im Strahlen ihrer blauen Augen. Sie wirft die Arme um seinen Hals, drückt ihn fest an sich, dass es schmerzt und wenn ihn nicht alles täuscht, glaubt er ein leises heimliches Schluchzen zu hören.

Eng umschlungen lassen sie die Nacht auf sich zukommen. Mit der Nacht kommen die Träume, die im Arm des geliebten Menschen nur schön sein können.

AM TAUFBECKEN

Sie müssen am Morgen vorsichtig und sehr leise sein, denn die Mutter war spät in der Nacht nach Hause gekommen und nichts wäre unangenehmer, als ihr zu begegnen.

Margarethe ist zwar fest entschlossen, ihr so bald wie möglich den Liebsten vorzustellen, aber dies soll nicht am Morgen nach ihrer ersten gemeinsamen Nacht passieren. Also schleicht sich Heinrich vorsichtig aus dem Haus und geht auf kürzestem Wege in sein Quartier. Margarethe bereitet das Frühstück für die Mutter und sich und legt sich die Worte zurecht, mit denen sie von ihrem Verhältnis zu dem fremden Mann erzählen will. Später hat sie in der Kirche zu tun, denn Montag ist der Tag, an dem sie gemeinsam mit zwei anderen Mädchen die Kirche säubert.

In Gedanken ist sie nur bei ihm und der wunderbaren Nacht, dieses zweiten Paradieserlebnisses des vergangenen Tages. Traumlos schlief sie tief und fest im Arm Heinrichs und fühlt sich ausgeruht wie selten in den letzten Wochen.

Das Gespräch mit der Mutter während des Frühstückes verläuft nicht so, wie Margarethe es sich erträumte. Selbstverständlich hat die Mutter schon von der Affäre, in die ihre Tochter geraten ist, erfahren. Nicht nur der Umstand, dass sie von Fremden erfahren musste, was in ihrem Haus, was mit ihrer Tochter geschieht, macht sie zornig. Die Tatsache an sich, dass Margarethe, nicht einmal volljährig, sich einfach von einem hergelaufenen Kerl verführen lässt, macht sie derart wütend, dass sie sich alle weiteren Äußerungen darüber verbittet und ihr mit allem Nachdruck verbietet, diesen Menschen wieder zu sehen. Sie selbst wird dafür sorgen, dass er noch heute aus der Stadt verschwindet. Sie ist bereits bestens informiert über ihn und seinen Aufenthaltsort. Was sie über diesen Menschen schon hören musste, lässt sie vor

Scham in den Erdboden versinken. Die Mutter ereifert sich derart, dass sie kaum einen Bissen zu sich nimmt und auf nüchternen Magen Medizin schluckt, um ihre aufkommenden Kopfschmerzen im Keim zu ersticken, jedoch nicht beachtend, dass sie durch diese Voreiligkeit von großer Übelkeit befallen wird.

Margarethe ist völlig vor den Kopf gestoßen. Sie hat nicht erwartet, dass Heinrich wie ein Sohn in die Arme geschlossen wird, aber mit einem reservierten Verständnis hatte sie schon gerechnet. Dieser Zornesausbruch mit Argumenten, die alle ihre Erfahrungen, die sie mit diesem sogenannten Kerl machen durfte, Lügen strafen, ja in den Dreck ziehen, widert sie an und sie verlässt wort- und grußlos den Frühstückstisch.

Das Paradies hat sie erlebt und ist nun in die irdische Welt von Hass und Missgunst, von Unverständnis und verlogenen Traditionen zurückgekehrt. Der Nachmittag gestern am Bach hat ihnen genau das in schemenhafter Unsichtbarkeit prophezeit. Sie entzweit sich mit dem ihr nächsten Menschen, ihrer Mutter. Sie spürt, wie die Liebe zwischen der Mutter und ihr zu zerreißen droht, wenn sie ihr den gewohnten Gehorsam verweigert. War ihre Mutter nicht auch einmal jung und verliebt gewesen. Sie glaubt, sich an Erzählungen ihrer Großmutter entsinnen zu können, dass sie, Margarethe, nur wenige Monate nach der Eheschließung ihrer Eltern zur Welt kam. Was soll denn das Getöse, wenn sie selbst mit der sogenannten Sünde beladen in die Ehe trat. Nein, sie wird sich so schnell nicht unterkriegen lassen. Es bleibt ihr immer noch die Möglichkeit, mit Heinrich auf und davon zu gehen, auch wenn über diese Variante noch nie gesprochen wurde.

Was die Mutter wohl gegen sie zu unternehmen beabsichtigt, kümmerte sie nicht weiter, denn sie weiß, dass Heinrich sich so leicht nicht etwas befehlen lassen würde und am allerwenigsten, ohne sich mit ihr abzusprechen. Aber heute Abend wird es Stoff für Gespräche geben.

Sie macht sich schnell fertig für den Kirchendienst und verschwindet aus dem Haus.

Margarethe kann nicht ahnen, dass der heutige Tag entscheidend wird für ihr zukünftiges Leben. Im Laufe dieses Tages werden Weichen gestellt mit folgenschwerer Tragweite für alle Personen, die mit dieser Geschichte verbunden sind.

Das erste Mal betritt sie mit kritischen Blicken das dunkle menschenleere Kirchenschiff, sieht die mattleuchtenden Fenster mit den unzähligen bunten Geschichten darin. Die Auseinandersetzung mit der Mutter und die gestrigen Gespräche lassen sie dieses Gotteshaus plötzlich nicht lebensbejahend, sondern lebensbedrohend erscheinen. Gewalt spürt sie in jeder Säule. Aus jedem Heiligenbild schielt sie hämische Missgunst an. Überall versteckt sich freies Denken hinter intoleranter Konvention. Sie sieht nur noch stumpfen Starrsinn, Verklemmtheit, jede Form von Sexualität leugnende Perversion und frömmelnde Gottesfürchtigkeit.

Sie erschrickt über die Wortwahl ihrer Gedanken. Wie kommt sie nur dazu, derart zu urteilen. War sie nicht vor Tagen noch voll der Erbauung für das, was sie gerade in Frage stellt. Wie konnte sie innigst beten, aufgehen in den Gesängen, wie fühlte sie sich verbunden der Liturgie, dem Singen, dem Duft des Weihrauches. Ihr ganzes Leben war begleitet von Gottesfurcht, war Inhalt dieser Religion. Und nun, kaum hatte sie etwas anderes erlebt, sollte dies alles verschwinden in verlogene Banalität. Wie kann sie nur derart überheblich sein. Sie spürt die Hände Heinrichs und diese Erinnerung sagt ihr, was wahr und was Lüge ist.

Sie geht schnell zu ihrer Lieblingsstatue, der Mutter Gottes mit dem Christuskind. Sie wirft sich auf die Knie und bittet um Vergebung für die Sünde, die sie soeben gedacht hat und geht in das Refektorium, um sich dort mit den beiden Freundinnen zu treffen.

Die drei Mädchen machen sich an die Arbeit, wischen den Boden
der Kirche, entstauben die vielen Plastiken, säubern die Bänke
vom Schmutz und den mitunter liegengelassenen Utensilien der
Gläubigen. Was hat man da nicht schon alles gefunden, was mit-
unter das herzhafteste Gelächter zur Folge hatte,
Nach zwei Stunden trifft man sich zum gemeinsamen zweiten
Frühstück am Taufbecken. Die beiden Freundinnen Margarethes
sind wie sie mit einfachen knöchellangen hellgrauen Kleidern be-
kleidet, die Haare mit Tüchern zusammengebunden.
Müde ist Margarethe geworden, hungrig ebenfalls. Jetzt spürt sie,
dass die Nacht zu kurz war. In Gedanken versunken, den Kopf
leicht nach unten gebeugt, steht sie am Taufbecken. Sie kommt
aus dem Grübeln, dem Zweifeln an sich und der ganzen Welt
nicht mehr heraus. Sie fühlt sich weit weg von ihren Freundinnen.
Sie weiß, dass das, was sie mit Heinrich erfahren hat, sie wissen-
der und reifer gemacht hat. Aus diesen Gedanken wird sie heraus-
gerissen von den beiden anderen, die bereits ihre Brote ausge-
packt und das Tuch, in dem sie eingeschlagen waren, sorgfältig
auf dem Rand des Taufbeckens zusammengelegt haben.
Margarethe fühlt einen Stich im Herzen bei den Blicken, die ihr
von zwei Augenpaaren zugeworfen werden. Auch diese wissen
also um sie. Die früher so vertrauten Freundinnen werden ihre
Blicke nicht mehr von ihr wenden, werden sie treiben, jagen. Sie
wird gehetzt werden wie von Hunden, die einem aufgespürten
Wild nachjagen und sie sieht bereits jetzt in die hämisch grin-
sende Meute, die sie mit Wonne, mit bestialischer Freude zerrei-
ßen möchte. Der Traum von der entblätterten Rose ist wieder da.
Es fällt Margarethe schwer, sich zu fassen, das zu erwartende
nichtssagende Gerede, das gleich auf sie niederprasseln wird, zu
ertragen. Sie lässt sich nicht auf andere Gedanken bringen und
ganz nebenbei kommt der Gedanke, wie klein doch diese Sünde
ist, das Taufbecken als Frühstückstisch zu verwenden, gegenüber

der Sünde, die sie in sich trägt. Wie oft haben sie und die anderen hier gestanden und ihre Brote gegessen. Der Priester hat sie noch nie dabei erwischt.

Ja, der Priester, ihm sollte sie sich anvertrauen, aber sie kann es nicht - wird es nie wieder können.

.Als ob dieser Gottesbote am gestrigen Sonntagsgottesdienst geahnt hat, was sie in der Nacht dieses Tages erfahren durfte.

Er verfluchte in seiner Predigt jede voreheliche Berührung, geschweige denn alles, was darüber hinaus geht und versagte jeder auf diese Art Gestrauchelten wie auch einem daraus entstehenden neuen Leben Gnade und Erlösung vor Gott. Diese Worte haben sie exkommuniziert.

Die Freundinnen wirken anders als sonst auf Margarethe, nachdenklicher, gehemmter. Natürlich wissen sie von Margarethes „Missgeschick". Natürlich beneiden sie die Freundinnen um ihr Glück, mehr noch um das prickelnde, für sie bisher nur in Fantasien erträumte Erlebnis mit einem Mann, von dem Begriff „Liebe", was immer das auch sein möge. Nachdem der Wahrheitsgehalt des Gerüchtes um Margarethe immer größer wurde, vereinigten sich in den Freundinnen Sorge, Hass und Neid zur wahren Dreieinigkeit. Verachtung für die Entehrte heißt das Ergebnis.

Die drei stehen sich gegenüber und ein Gespräch will nicht zustande kommen. Gedankenversunken malt Margarethe mit dem rechten Zeigefinger Zeichen auf die Wasseroberfläche. Ein großes H für Heinrich entsteht als sofort flüchtige Figur. Ein leises Lächeln überfliegt ihr Gesicht.

Eine der Freundinnen beobachtet dies und Zorn auf Margarethe keimt in ihr. Soeben hoffte sie noch, ihr helfen zu können, aber nein, sie wüsste ja gar nicht, wie sie das beginnen sollte. Sie schaut Margarethe an, steckt zwei ihrer Finger ebenfalls in das Wasser und spritzt eine kleine Ladung Weihwasser ins Gesicht der Traumwandlerin. Sie lacht im gleichen Moment laut heraus, so dass sie selbst über die Ungehörigkeit ihres Tuns erschrickt. Sie befindet sich doch in der Kirche und spritzt das geweihte Wasser in der Gegend herum. Wenn das herauskommt, kostet das viele Vaterunser nach einer zünftigen Beichte. Margarethe erschrickt, als wäre ein Eimer Wasser über ihr ausgegossen worden, schaut entgeistert auf, ist für den ersten Moment sprachlos und fühlt, dass alle ihre Gedanken mit großer Schrift lesbar ihr auf die Stirn geschrieben sind. Sie fühlt sich nackt wie in einem Alptraum. Sie kommt zu sich und versucht, ihre Geistesabwesenheit zu überspielen, indem sie sofort zu ihrem Brot greift. Sie beißt vom Brot ab, aber so trocken kann ein Brot nicht sein. Sie kaut und kaut und schluckt würgend den Bissen herunter.

Von einer anderen Freundin beginnt man zu reden, der es, so sagt ebenfalls ein Gerücht, ähnlich ergehen muss wie Margarethe. Schon bereut man nicht mehr die Wasserspritzer von vorhin, denn die Sticheleien beginnen erst richtig, indem man über jemanden herziehen kann, der nicht anwesend ist und sich nicht wehren kann. Margarethe fühlt sich gezwungen, mitzuspielen, wenn auch nur zaghaft und ohne sich weitere Blöße zu geben.

Die Kirchenglocke ertönt dreimal. Man schaut sich an, lächelt maliziös zu Margarethe hinüber, die verschämt zur Seite sieht. Sie sind wieder die Putzmädchen, die durch die Glocke an die Zeit erinnert werden, dass die Pause vorüber ist und sie zurück an ihre Arbeit müssen.

DIE MUTTER

Die Mutter ist außer sich vor Wut. Sie fragt nicht nach Wie und Warum. Sie entscheidet, dass es ihrer Tochter nicht so ergehen darf wie ihr, der das Schicksal übel mitgespielt hat. Außerdem hat sie als Mutter und angesehene Frau in der Gemeinde einen Ruf zu verlieren und geht ihr dieser Ruf verloren, kann sie die Pension schließen, es sei denn, sie macht gleich ein Bordell daraus. Als sie mit dem Vater der Margarethe herumturtelte, war sie wenigstens volljährig, aber Margarethe ist siebzehn und in ihrem ganzen Wesen noch ein Kind, das bisher lieber mit Puppen spielte. Da kommt irgend so ein fremder Kerl, macht dem Kinde schöne Augen, quatscht womöglich gelehrtes Zeug und die dumme Göre fällt sofort darauf herein.

Sie weiß, wo dieser Mensch seine Absteige hat und macht sich auf den Weg.

Hätte Heinrich geahnt, was ihn erwartet, er wäre in den Wald oder sonst wohin geflohen. Aber er steht da wie ein begossener Pudel, als die Frau, deren Körpergröße weit unter seinem Kinn endet, wie aus dem Erdboden emporwachsend vor ihm erscheint, sich nicht vorstellt, war auch nicht nötig, denn er weiß sofort, wen er vor sich hat, ihn anfährt mit schrill klingender Stimmlage:

„Sie lassen sofort meine Tochter in Ruhe! Haben sie mich verstanden?"

Er darauf beruhigend:

„Wollen wir uns nicht erst einmal setzen? Kann ich Ihnen etwas anbieten?"

Er versucht, alle Freundlichkeit aufzubieten, aber sie pflanzt sich vor ihm auf wie ein donnerndes Gericht Gottes in Zwergengestalt und redete auf ihn ein, was er sich einbilde, wer er überhaupt sei usw. usw.

„Sie werden morgen früh die Stadt verlassen und ich verbiete Ihnen, mit meiner Tochter auch nur ein einziges Wort zu wechseln!", herrscht sie ihn an.

Mittlerweile versucht er, sich der Situation anzupassen und mit ernsthafter Bestimmtheit bemerkt er:

„Meinen Sie nicht, dass Margarethe selbst darüber zu entscheiden hat, mit wem sie redet! Ich liebe Ihre Tochter und ich habe guten Grund, ihrer Liebe ebenfalls sicher zu sein!"

Zur Antwort kommt:

„Die Göre glaubt doch noch an den Klapperstorch und da wollen Sie mir von Liebe reden. Woher soll die wissen, was Liebe ist mit ihren siebzehn Jahren!"

Nach einer Pause, die sie zum Atemholen benötigt, kommt der letzte Satz aus ihr herausgesprudelt:

„Morgen früh sind Sie verschwunden!"

Damit ist der Auftritt der Frau, die er sich als Schwiegermutter vorzustellen hat, beendet. Sie fliegt davon und er stellt sich das Fortbewegungsmittel „Besen" zwischen ihren Beinen vor, will lachen aber jedes Lachen ist ihm vergangen. O Gott, durchfährt es ihn, wie kann aus solch einer Xanthippe ein Engel wie diese Margarethe hervorgehen. Nun, er will nicht diesen Drachen lieben, Margarethe ist die Erfüllung all seiner Träume.

Es gibt aber doch eines, was ihn sehr nachdenklich stimmt. Ist Margarethe wirklich erst siebzehn Jahre und damit nicht volljährig und was noch weit schlimmer ist, in diesem Fall abhängig vom Willen dieser Frau, die er, so kommt er in seinen Überlegungen zum Schluss, für dumm und beschränkt hält.

In welche Konflikte werden sie geworfen!

AM ABEND

Als Heinrich. zur verabredeten Stunde zum Haus Margarethes kommt, findet er an der Tür ein kleines Zettelchen angeheftet, auf dem lediglich steht „Bin in der Pension."

Er kann sich zusammenreimen, was passiert ist nach dem Auftritt der Mutter und geht zur Pension, die am südlichen Rand der Innenstadt, etwas versteckt zwischen hohen Bäumen, steht.

Dort findet er Margarethe im Hausflur beschäftigt mit dem Sortieren von Geschirr. Zum Glück ist sie allein, denn alle Gäste, die sich angemeldet hatten, waren eingetroffen und sollte nicht der eine oder andere sie mit Extrawünschen belästigen, dürften sie ungestört Zeit füreinander haben.

Margarethe beginnt sofort, von der Mutter zu reden, wie sie ihr am Frühstückstisch die schlimmsten Vorhaltungen gemacht hat und bevor sie zu Ende erzählen kann, unterbricht sie Heinrich, um ihr von der bereits am heutigen Vormittag erfolgten Bekanntschaft mit ihrer Mutter zu berichten.

Margarethe fühlt sich tief getroffen. Dass ihre Mutter hysterisch sein kann, dass sie gern herrschsüchtig ist und jeden bevormunden möchte, weiß sie zur Genüge, dass sie aber derart unbeherrscht, sich ohne jedes Vertrauen zu ihrer Tochter auf diese Art und Weise gehen lässt, hätte sie nicht für möglich gehalten. Sie versucht, Heinrich gegenüber die Mutter in Schutz zu nehmen, erzählt ihm von ihrem Leben und den Schwierigkeiten, die sie hatte, aber während des Erzählens empfindet sie bei jedem Wort wachsenden Hass auf diese Frau, die doch ihre Mutter ist, die sie immer zu lieben glaubte, auch wenn sie ihrer Tochter manches Mal unrecht tat.

Sie sitzen sich im Vorraum der Pension an einem kleinen Tisch gegenüber. Sie lässt ihre Arme auf den Tisch sinken, verbirgt ihren Kopf darin und beginnt zu weinen. Er möchte sie tröstend in die Arme nehmen, aber sie schüttelt ihn ab. Sie muss sich allein wiederfinden. Er zeigt Geduld und legt seine Hand auf ihre und hält sie regungslos fest, bis sie von selbst ihren Kopf erhebt und sich die Tränen aus den Augen wischt. Wieder einmal müssen die Blusenärmel dafür herhalten, denn ein Taschentuch scheint nie in ihrer Nähe zu sein.

Er möchte sie trösten und ablenken und sagt etwas ungeschickt: „Wie schön du bist, selbst wenn du weinst".

Er schaut sie lächelnd an und überdenkt das, was er soeben sagte. Sie ist tatsächlich wunderschön und so wert, geliebt, nur geliebt zu werden. Dabei sieht sie in ihrer jetzigen Haltung eher etwas zerzaust aus mit ihren langen wirren Haaren, die sie heute offen trägt. Sie ist bekleidet wie immer in Rock und Bluse, die sie weit offen trägt, so dass die Kette mit dem Anhänger von ihm auf dem Brustansatz glänzt. Sie hat die Beherrschung zurückgewonnen und sagt:

„Heinrich, ich bin erst siebzehn Jahre alt. Wenige Tage, bevor wir uns kennen lernten, hatte ich Geburtstag."

Es entsteht eine Pause. Sie fügt hinzu:

„Du bist mein, wenn auch etwas verspätetes, aber schönstes Geburtstagsgeschenk!"

Er kann nur antworten, dass er ihr Alter bereits auf sehr unschöne Art heute Morgen erfahren musste und dass es ihm sehr leidtut, sie nicht gefragt zu haben, ob sie schon über sich selbst entscheiden kann. Was hätte es auch geändert - nichts. Nun ist ihre Situation schwieriger geworden als je vermutet werden konnte.

Sie überlegen, wälzen alle nur denkbaren Argumente hin und her, wie man zusammenbleiben kann, ohne dass die Mutter sich dazwischendrängt. Er schlägt sogar Flucht vor. Sie schüttelt daraufhin traurig den Kopf und berichtet ihm erneut vom Gesundheitszustand der Mutter, die seit heute Mittag zu Haus im Bett liegt und vor Kopfschmerzen nicht aus den Augen schauen kann. Sie kann nichts zu sich nehmen, weil sie sofort alles wieder erbricht. So schlimm war es noch nie mit ihrer Migräne. Was muss sie sich aber auch so sinnlos aufregen, wütet sie in anschwellendem Zorn.

Wenn die Mutter nicht krank wäre und sie die Pension auch ohne die Tochter führen könnte, so glaubt Margarethe, würde sie, ohne sich auch nur einmal umzuschauen, mit ihm flüchten, sich irgendwo verkriechen, um auf ihren nächsten Geburtstag zu warten. Dann könnten sie heiraten, ohne jemanden fragen zu müssen. „Wie schön wäre das, mein Liebes",

gibt er ihr zur Antwort.

Aber das Leben ist anders und sie müssen sich gewissen Gesetzen fügen wie jeder andere auch und dieses Mal ist es nicht Glaubensache, sondern brutale Realität.

Nach langem Hin und Her fällen sie eine Entscheidung von riesiger Tragweite. Sie werden sich am Ende dieser Woche für eine gewisse Zeit trennen. Es soll Ruhe einkehren in die Gemüter um sie herum. Die Mutter wird man in den Glauben bringen, sie hätten sich tatsächlich aufgegeben und die Klatschsüchtigen in der Stadt werden sich nicht für sie interessieren, wenn es keinen Anlass mehr gibt zum Klatsch und Tratsch. Auch der Priester und seine heiligen Heerscharen werden vergessen und verzeihen, denn, so bemerkt Heinrich höhnisch, dafür sind sie schließlich da, Vergebung den armen Sündern zuteilwerden zu lassen.

Man wird sich schreiben, jeden Tag, und in Gedanken beisammen sein wie bisher. Er wird ihr wunderbare Briefe schreiben, verspricht er ihr, diese mit tausend Küssen bedecken und ab und zu wird eine bestimmte Feuchtigkeit die Konturen seiner Schrift verwischen. Schwer wird es werden, aber ihre Liebe wird siegen - das schwören sie sich.

Es ist spät geworden über dieser langen Aussprache. Zum Glück wurde die Liebste nicht von einem der Gäste gerufen.

Martha kommt auf einen Sprung vorbei, um zu hören, wie es der Mutter geht und muss von dem Dilemma des Tages erfahren. Verständnisvoll bietet sie den beiden an, die letzten Tage ihres Beisammenseins zu genießen. Sie könnte doch bis zum Sonntag die Pension übernehmen und würde auch nach der Mutter sehen, die ja nichts davon erfahren müsse, wenn sie sowieso nicht in der Lage ist, das Haus zu verlassen. Dankend nimmt das Pärchen dieses Angebot an und man verabredet, am nächsten Morgen nach dem Frühstück der Gäste, Martha die Verantwortung für die Pension zu übergeben.

Sie erheben sich vom Tisch und verharren in unlösbarer Umarmung. Ihre Lippen pressen sich aufeinander und ihre Zungen beginnen ihr Spiel, mal bei ihm, mal bei ihr.

Wie von einem Automatismus getrieben, sucht seine Hand unter ihrer Bluse nach ihren Brüsten und sie legt ihre Hand auf seine, um den leichten Druck auf ihre Brust zu erhöhen.

Ihre Münder lösen sich voneinander und sie flüstert ihm in der Nähe seines Ohres zu

„Komm!"

Ohne weitere Worte zu verlieren, gehen sie in die Kammer, die sich im Dachgeschoß befindet und außer einem Bett, einem Stuhl und einigen Kleiderhaken an der kahlen bilderlosen Wand nichts aufzuweisen hat. Doch, eines ist übersehen worden. Ein kleines vergoldetes Kreuz mit dem viel zu brav daran angenagelten Christuskörper hängt über der Längsseite des Bettes.

DIE ZWEITE NACHT

Sie stehen sich gegenüber, sehen sich in die Augen und ihre Hände beginnen, sich gegenseitig auszuziehen. Er öffnet die restlichen Knöpfe ihrer weißen Bluse, sie die seines Hemdes, sie lässt ihren Rock an sich heruntergleiten, er hilft seinen Hosen etwas nach, sich von den Beinen zu trennen. In ihrer Nacktheit stehen sie sich im dämmrigen Licht der Nacht gegenüber, lassen ihre Hände den Körper des anderen erfühlen und gleiten in das feste Bett.

Es verlangt Margarethe, ihm Dank wissen zu lassen für die erste Nacht, für seine wunderbare Zärtlichkeit, dafür, dass er sie aus einem tiefen Schlaf geweckt hat, dass sie weinen konnte vor Freude über seine liebevollen Berührungen. Heute möchte sie die Gebende sein und er soll sie bekommen, ganz, mit allen Fasern will sie sich ihm geben. Verschmelzen sollen sie, einer im anderen. An Schmerz denkt sie nicht mehr.

Eng liegen sie umschlungen. Die Wärme geht von Körper zu Körper über und ihre Herzen bemühen sich, im gleichen Rhythmus zu schlagen.

Sie fühlt seine Schwere auf ihrem Körper - und er ist bereits in ihr - dringt tiefer und tiefer in sie ein. Sie fühlt seine Stärke in sich und ihre Arme pressen ihn tiefer und tiefer in ihren Körper hinein. Wie wunderbar empfindet sie die Schmerzen in ihrer Brust, den Schmerz an ihren Wangen, den Schmerz am Kiefer, der zu zerbrechen droht. Sie stoppen die beginnenden Bewegungen und wollen nichts, als sich einander fühlen. Sie lauschen in sich hinein als würden sie die von Ferne kommenden Klänge der Flöte des Hirten hören wollen. Welch wunderbare Melodien, was für Harmonien entstehen dort tief drinnen in ihren Körpern.

Nein, nicht bewegen, nur fühlen, nur fühlen. Still, Geliebter - Still, Geliebte - gehen wortlos die Wünsche von einem zum anderen.

Ihre Lippen suchen sich. Ihre Zungen pressen sich ebenso ineinander wie ihre Körper. Lange verharren sie in dieser Stellung, bis langsam, sehr langsam Bewegung in ihnen entsteht. Jetzt fühlen sie, dass ihre Herzschläge im gleichen Rhythmus schlagen und in diesem Rhythmus bewegen sie sich miteinander, gegeneinander wie ein Körper, wie ein Herz, wie „eine" Liebe.

Sie spürt die sich verstärkende Erregung seines Körpers und seines Gliedes in ihr. Und sie folgt dieser Erregung, bis sich ein riesiger Himmel von leuchtendem Blau mit unzähligen Sonnen vor ihren fest verschlossenen Augen öffnet und eine nie gekannte Wärme in sie einströmen lässt. Sie weiß, dass er diesen Himmel im gleichen Moment wie sie erlebt, dass sie zusammen schweben in einem Traum der Wahrhaftigkeit. Minutenlang gleiten sie von Sonne zu Sonne, von warmen Winden getragen, bis sie sanft zurückgleiten auf diese Erde, in diese Stadt, in dieses Bett.

IN DER STADT

Am nächsten Morgen wacht sie in der Stellung auf, in der sie in der Nacht zuvor einschlief - ihr Kopf an seiner Brust und von seinen Armen fest umschlungen. Er ist der erste, der sich von der Morgensonne wecken lässt, sich vorsichtig erhebt, seine Morgentoilette erledigt und sich leise über sie beugt, um sie mit Küssen auf eine ihrer frei liegenden Brüste aus dem Schlaf zu holen. Fest schläft sie nicht mehr. Sie hat ihn trotz all seiner Vorsicht schon umherlaufen hören. Sie zieht ihn zu sich herab und sie wünschen sich in fester Umarmung einen Guten Morgen.

Auch sie beginnt nun, ihre Morgentoilette in dem kleinen dafür vorgesehenen Raum zu erledigen. Danach muss sie sich beeilen, den Gästen das Frühstück zu bereiten, Kaffee zu kochen, Rechnungen für die Abreisenden zu schreiben und dergleichen mehr. Sie bittet Heinrich, auf sie zu warten, bis sie wieder heraufkommen kann. Nach etwa einer halben Stunde erscheint sie bei ihm und bringt auf einem Tablett liebevoll angerichtet das Frühstück mit.

Martha kommt pünktlich zur verabredeten Zeit, Sie war schon bei der Mutter gewesen und hat ihr erklärt, dass Margarethe sie gebeten habe, ihr das Essen zu bringen und für sie zu sorgen, denn in der Pension gebe es in den nächsten Tagen viel zu tun, zumal sich einige neue Gäste angesagt haben. Die Mutter schöpft keinerlei Verdacht, zumindest spricht sie ihn nicht aus und findet alles gut so.

Die beiden Verliebten stehen sich auf einmal gegenüber und können es nicht fassen, dass nur noch Sonntage vor ihnen liegen. Was fangen wir mit dieser vielen Zeit an? Sie entscheiden sich, zum Bach zu laufen. Es könnte schön werden, dort im Rasen zu liegen und zu träumen.

Sie reden viel von der gemeinsamen Zukunft. Zu gern würden sie dieses lange Jahr des Wartens überspringen. Er erzählt ihr das erste Mal ausführlich über seinen Beruf, den er, nachdem er erst vor kurzem ein Studium absolviert hat, versuchen möchte, auch auszuüben. Er hat Archäologie studiert und sich für die Teilnahme an einer Expedition nach Nordafrika beworben. In der Stadt, in der er zuhause ist, wird er alles daransetzen, ihr und sich eine Existenz aufzubauen, so dass sie, wenn sie nach diesen zwölf Wartemonaten zu ihm kommt, eine Wohnung beziehen können und alles seine geordneten Wege gehen kann. Bestimmt wird dann die Mutter auch einsehen, dass ihre Tochter anderes möchte, als in diesem Städtchen zu versauern.

Am Abend sitzt man noch zu dritt mit Martha zusammen und die Diskussionen und das Pläneschmieden geht weiter. Heinrich hatte sich vorgenommen, Margarethe zum Abschied ein besonderes Geschenk zu machen, weiß aber nicht, wofür er sich entscheiden soll. Schmuck, ein schönes Kleid, Bücher oder was auch immer. Er macht kurzerhand noch im Beisein Marthas den Vorschlag, am nächsten Morgen in die Stadt zu fahren und dort bummeln zu gehen. Margarethe ist hocherfreut über diese Idee, denn wie lange war sie schon nicht mehr dort gewesen. Ein Jahr mindestens. Martha erklärt sich sofort bereit, in ihrer Abwesenheit für die Pension zu sorgen, so wie sie es bereits gestern angeboten hat. Dafür bekommt sie von Margarethe einen großen Kuss auf die Wange und Heinrich schüttelt ihr dankbar die Hände. Beim Abschied von Martha bemerkt Margarethe, dass sie Heinrich etwas zuflüstert. Wer weiß, was für einen „fragwürdigen" Rat die in Liebesdingen Erfahrene zum Besten zu gibt.

Sie stehen am nächsten Morgen früher als gewöhnlich auf und fahren los.

In der Stadt angekommen, gehen sie durch die Straßen, zwängen sich zwischen unzähligen Passanten hindurch, von denen keiner

Notiz von ihnen nimmt. Hier können sie abtauchen in die Anonymität der Masse. Wie befreiend ist das. Sie sind völlig allein mit sich in dieser Unmenge von Menschen. In einem Gasthaus essen sie zu Mittag und Heinrich fragt sie, was sie sich zum Abschied wünsche. Sie soll etwas bekommen, das sie ständig an ihn erinnern soll. Nein, sie brauche nichts, sie ist überglücklich, wenn er an sie denkt, ihr schreibt und sie hoffen lässt, dass er zurückkommt, um sie für immer zu sich zu holen. In spätestens einem Jahr möchte sie glücklich mit ihm sein dürfen - auf ewig.

Natürlich besteht er auf seinem Plan und erweitert diesen um ein Dankesgeschenk für die Freundin, denn ihr Angebot annehmen zu dürfen, war ein unfassbar schönes Geschenk für sie beide. Das sieht natürlich Margarethe am ehesten ein. Sie bummeln weiter durch die Straßen. Da gibt es Geschäfte mit Schuhen in allen Farben und Formen, für jede Jahreszeit, da gibt es Kleider in allen Variationen, Nippes und unzählige Gegenstände, die man sich nur vorstellen kann.

Doch nichts, das sie wünschenswert findet. Sie hält sich nur an seinem Arm fest und schaut auf die vielen wunderbaren Dinge, deren Existenz ihr zum Teil erst jetzt bewusst wird. Heinrich kennt das alles und amüsiert sich über ihre Unwissenheit und verspricht ihr, dies alles einmal vor ihren Füßen ausbreiten zu wollen. Man wandert von Schaufenster zu Schaufenster. Was soll sie mit einem herrlichen Kleid, das sie niemals anziehen darf - außer zu Hause für sich vor dem Spiegel. Nein, wenn schon, soll es etwas sein, das sie unbesorgt jeden Tag, wenn ihr danach ist, ansehen, fühlen oder tragen darf.

Plötzlich fällt ihr etwas ein, greift Heinrich am Arm und erklärt ihm, dass sie sehr gern ein Tagebuch hätte, das aber unbedingt verschließbar sein muss. Am liebsten eines mit vielen unterschiedlichen Schlössern - einen Buchtresor.

Auf seine verwunderte Frage erklärt sie ihm, dass sie in der langen Zeit seiner Abwesenheit außer Martha keinen Menschen hat, mit dem sie reden oder dem sie sich anvertrauen kann. Gut, sie werden sich Briefe schreiben können, aber ein Tagebuch wäre etwas, das sie zu gerne hätte. Er zeigt wachsendes Verständnis und sie beginnen gezielt zu suchen. Es dauert sehr lange, bestimmt zwei Stunden, bis sie nach mehreren Nachfragen in Buch- und Schreibwarenläden auf ein Antiquitätengeschäft verwiesen werden. Tatsächlich stehen sie plötzlich vor drei Exemplaren - nicht ganz nach Wunsch aber immerhin eines mit einem altertümlichen Zahlencodeschloss, in Leder gebunden, schwer und groß - aber mit vielen leeren Seiten. Heinrich erschrickt über den Preis, wagt aber nicht, im Beisein Margarethes mit dem Verkäufer zu verhandeln und kauft das Riesenexemplar. Margarethe ist glücklich über das kostbare Geschenk und gleichzeitig betrübt, denn sie weiß, dass sie viel Trauriges den leeren Seiten anvertrauen wird.

Für Martha kaufen sie ein großes Tuch, von dem Margarethe meint, es wäre genau das, das sich Martha schön lange erträumt. Man lässt sich die Sachen einpacken, er bezahlt und sie springt ihm auf dem Gehweg um den Hals und küsst ihn laut zum Dank auf den Mund. Wie frei kann sie hier sein. Kein Mensch nimmt Notiz von dieser Liebesbezeugung. Doch, ein altes Ehepaar, das sich auf einer Bank ausruht, sieht den Kuss und lächelt sie an. Sie erwidern dieses Lächeln und vier Menschen spüren in diesem Moment eine verbindende Gemeinsamkeit.

Sie stellen fest, dass sie noch viel Zeit haben - Zeit nur für sich. Er führt sie zu den Sehenswürdigkeiten der Stadt. Er kann ihr vieles erklären, spricht von Baustilen, von Fachwerken und deren Konstruktionen, von alten und neuen Straßen, von Maschinen, von Universitäten, von fernen Ländern. In einem Museum schauen sie sich Gemälde an. Seit ihrer Schulzeit, und das ist immerhin einige Jahre her, hat sie mit derartigen Themen nichts mehr zu tun gehabt. Überhaupt stellt sie nachdenklich fest, dass sie enormen Nachholbedarf hat, wenn sie später zusammen mit ihm in einer dieser großen Städte leben will. Sie sehnt sich nach Erweiterung ihres Wissens und hofft, in ihm einen geduldigen Lehrmeister zu finden. Es ist alles so wahnsinnig interessant hier und sie kann sich nicht satt sehen an diesen Bildern, an diesen Statuen.

In einer Kirche stehen sie vor einem Altarbild, das so völlig anders gestaltet ist als das, vor dem sie zu beten gewohnt ist. Aus diesem Christus strahlt Leben und Leiden mit dem Ziel, die ganze Menschheit zu erreichen.

Während sie in der Kirche umherwandern, werden sie aufmerksam auf die vielen Menschen, die im Altarraum stehen und sich zu einem riesigen Chor formieren. Ein ganzes Sinfonieorchester nimmt vor diesem Chor Platz. Heinrich entsinnt sich, dass er draußen im Vorbeigehen ein Plakat gesehen hat, das ein großes Konzert in dieser Kirche ankündigt und schlussfolgert, dass man vermutlich jetzt eine Generalprobe abhalten wird. Margarethe ist voller Spannung, denn außer den Orgelmusiken in ihrer Kirche, kleineren Konzerten mit solistischen Einlagen einer Trompete oder Gesang, bei denen sie mitunter ein kleines Solo singen durfte, hat sie noch niemals Gelegenheit bekommen, wirklich große Musik zu hören. Nun ergibt es sich zufällig, dass sie Zeuge der Probe eines, wie sich Heinrich ausdrückt, der bedeutendsten sakralen Werke der Musikliteratur sein darf. Sie bleiben in der Nähe einer der großen Säulen stehen, um auf den Einsatz der Musik zu warten. Die Musiker beginnen, ihre Instrumente zu stimmen, der Dirigent spricht einige Worte zu den Musikern, die sie nicht verstehen kann. Ruhe tritt ein und wie aus einer entfernten Tiefe kommend, entwickelt sich der erste große Choral und erdröhnt schließlich in der fast menschenleeren Kirche. Margarethe steht wie gebannt. Der Dirigent bricht an einer Stelle ab und alles muss, um Nuancen verändert, wiederholt werden. Während dieser kurzen Pause zieht Margarethe Heinrich in eine der Kirchenbänke. Sie klammert sich fest an seinen Arm, drückt ihren Kopf an seine Schulter als müsste sie Schutz bei ihm suchen vor dem, was sie an Gewaltigem erwartet.

Das erste Solo des Sängers erklingt. Heinrich kennt die Musik von mehreren Aufführungen her, die er in seiner Heimatstadt erlebte. Er blickt Margarethe von der Seite an und will sie zum Aufbrechen bewegen, sieht aber, dass sie völlig von der Musik erfüllt ist. Seine rechte Hand bedeckt ihre Linke, die auf ihrem Knie liegt. Den auffordernden Druck seiner Hand schüttelt sie zurück und gibt ihm zu verstehen, dass sie sich nicht vom Fleck rühren wird. So sitzen sie und hören. Ab und zu blickt er verstohlen zu ihr und bemerkt, dass sie feuchte Augen hat, dass sie beginnt, mit Tränen zu kämpfen. Wieder versucht er, sie zum Aufbruch zu bewegen.

„Still, bitte sei still, Heinrich!"

wirft sie ihm zu und kurze Zeit später, der Sopran singt von Traurigkeit und Wiedersehen, von Freude und Trost, lässt sie ihren Tränen freien Lauf. Ihr Gesicht strahlt vor Freude, aber die Tränen rinnen ihr die Wangen herab. Er reicht ihr ein Taschentuch, sie nimmt es, lacht Heinrich dankend zu, wischt sich damit das Gesicht. Sie fühlt sich fortgetragen von der Musik, von den Worten, die sie hören und in sich aufnehmen kann. Sie ist verzaubert. Der Dirigent lässt durchspielen bis zum Ende. Margarethe bleibt bewegungslos sitzen. Hat sie einen Traum erlebt und ist beim Erwachen wie gelähmt? Aber nein, Heinrich hält ihre Hand und wartet auf sie. Sie aber will nicht erwachen, sie hat noch die Musik in sich. Alles in ihr klingt und singt - und jubelt diese erlösende Traurigkeit. Fest drückt sie die große Hand des Mannes neben ihr, legt ihren Kopf an seine Brust und bereitet sich vorsichtig, ja ängstlich auf die Rückkehr in die Welt vor.

Die Musiker haben sich in der Zwischenzeit zu Gruppen zusammengestellt, reden miteinander und Margarethe beginnt, ihre Gesten wahrzunehmen. Komisch, dass keiner von denen, die an diesem Erlebnis mitgewirkt haben, ergriffen ist wie sie. Sie unterhalten sich, lachen und diskutieren über Nebensächlichkeiten. Nur sie kann sich nicht lösen von dem Erlebnis.

Viele der Künstler entfernen sich aus der Kirche und auch sie erhebt sich und zieht Heinrich mit sich hinaus in das Freie, in die warme Frühlingsluft. Heinrich will mit ihr sprechen, aber sie legt sich den Zeigefinger auf die Lippen und sagt zu ihm:

„Still, Heinrich, ich bin noch ganz dort drinnen. Es war zu herrlich!"

Er glaubt, sie verstehen zu können und schweigend gehen sie lange nebeneinander durch die Straßen, schauen sich geistesabwesend die Schaufenster der Geschäfte an, bis langsam wieder Normalität einkehrt in ihren Seelenzustand.

Heinrich versucht, Margarethe über das gehörte Requiem aufzuklären, erzählt ihr vieles von ähnlicher, noch größerer Musik anderer berühmter Komponisten. Sie schüttelt den Kopf und meint:

„Größere Musik kann es nicht geben, das ist unmöglich!"

und er, der mehr weiß als sie, muss ihr zur Antwort geben

„Doch, es gibt Musik, die noch größer ist, die an die Unendlichkeit heranragt. Du wirst sie hören, das verspreche ich dir, wenn wir zusammen in den großen Städten sind. Ich werde dir alles zeigen, dich alles hören lassen!"

Sie kann nur antworten

„Wenn du wüsstest, wie glücklich ich bin. Das ist schon so wie die Unendlichkeit eines göttlichen Himmels."

Arm in Arm gehen sie weiter durch die Stadt, besichtigen eine weitere Kirche, die der ihres Heimatstädtchens sehr ähnlich ist. Er erzählt ihr von dem einst mächtigen Orden, der das riesige Kloster gründete, um das sich ein kleines Städtchen, ihre Heimat, angesiedelt hatte. Erst, als die Blütezeit dieses Klosters zu Ende ging, wirkte das Klostergelände überproportional groß gegenüber der kleiner werdenden Stadt. Viele der großen Gebäude, unter anderem der große Turm, der aus den grässlichsten Zeiten, in denen die Heilige Inquisition auch in dieser Gegend wütete, könnten furchtbare Dinge erzählen. In einem kleinen Gasthof am Marktplatz trinkt man Kaffee und isst Törtchen. Heinrich entschuldigt sich für ein paar Minuten, sie im Glauben lassend, ein gewisses Örtchen aufsuchen zu müssen.

Er hat in der kurzen Zeit in höchster Eile zwei geheimnisvolle Dinge zu erledigen, von denen er jetzt schon weiß, wie sehr er seine Schöne damit beglücken wird. Er kommt zurück und reibt sich die Hände vor Begeisterung über den Erfolg seiner kurzen Mission. Scherzhaft wird er gefragt, was das wohl für ein riesiges Geschäft gewesen sein muss, wenn er eine kleine Ewigkeit dafür braucht.

Weiter wandern sie durch die Stadt und später sitzen sie, Müdigkeit in den Beinen, in einem Park auf einer Bank. Auf einem Teich gleiten Schwäne am hohen Schilf vorüber. Die Sonne verschwindet hinter den Bäumen und erinnert Margarethe, dass es langsam Zeit wird, an die Heimreise zu denken. Sie wundert sich über seine Gleichgültigkeit. Der Termin für den Aufbruch scheint ihn nicht zu interessieren.

Es sollte die erste der Überraschung für sie werden, die in dieser angeblichen Gleichgültigkeit verborgen liegt. Während des Getuschels zwischen Martha und Heinrich hatte sie ihm angeboten, ruhig über Nacht in der Stadt zu bleiben. Nein, nicht nur eine Nacht, zwei Nächte könnten es werden. Sie würde schon klar kommen mit allem. Er hätte sie dafür umarmen und küssen mögen vor Dankbarkeit.

Nun ist es soweit, zu dem Gasthof, in dem sie am mittags saßen, zurück zu gehen. Erst als er sie in ein kleines, hübsch eingerichtetes Zimmer führt, den Karton mit dem Tagebuch abstellt, wird ihr klar, was hinter ihrem Rücken für wundersame Entscheidungen getroffen wurden.

Sie ist außer sich vor Freude, umarmt ihn von hinten, dass sie taumeln und in das weiche Bett fallen. Aus ihr heraus kommen immer wieder die gleichen Worte:

„Oh, ist das schön! - ist das schön! - ist das schön!"

Sie dürfen zusammen eine lange Nacht hier verbringen. Das empfindet sie als das herrlichste Geschenk, das ihr jemals gemacht wurde. Heinrich hört sich ihre Begeisterungsstürme an und denkt sich: wenn du wüsstest, was noch kommt!

Sie beginnen, das Domizil auszukundschaften. Alles notwendige ist vorhanden, nur, so stellt sie fest, hat sie die wichtigsten Toilettenutensilien nicht bei sich und, so fällt ihr erst jetzt auf, hat er die ganze Zeit eine kleine Tasche getragen, in der er das Nötige für sich mitgebracht hat. Macht gar nichts, stellt er fest und zieht sie mit sich auf die Straße in das nächste Geschäft, in dem es das zu kaufen gibt, das noch fehlt. Auch hier gehen ihr die Augen über. Was man alles mit sich machen kann, wenn diese Dinge einem gehören würden und man nicht in einer gottverlassenen Einöde leben müsste. Sie kaufen ein und einen kleinen Lippenstift lässt sie sich mit einer bestimmten Absicht, unbemerkt von Heinrich, von der Verkäuferin in die Tüte stecken.

Zurück geht es in das hübsche Zimmerchen. Er möchte mit ihr unten im Speisezimmer gepflegt zu Abend essen, mit ihr Wein trinken und dann kann ja noch etwas ganz besonders Schönes sich anschließen. Sie bittet ihn, schon voraus zu gehen und schiebt ihn zur Tür hinaus. Er kann ja schon das Essen bestellen und ihretwegen auch schon etwas trinken. Sie kommt in Kürze nach.

Während er sich auf den Weg in den Gastraum macht, um sie dort zu erwarten, beginnt sie, sich besonders schön für ihn zu machen. Sie zieht sich aus, wäscht sich, überlegt, wie sie sich zurecht machen soll. In dem weißen einfachen Kleid fühlt sie sich ausgesprochen wohl. Das etwas dunklere große Tuch hat sie bisher nur über dem Arm getragen, da es sehr warm war. Jetzt naht der Abend und sie legt sich das Tuch lose über die Schultern so wie sie es bei Martha oft gesehen hat. Die goldene Kette trägt sie schon, seitdem sie unterwegs sind. Lange kämmt sie sich die Haare und lässt sie, oberhalb der Stirn von einem weißen Band zusammengehalten, lose auf die Schultern fallen. Als Kinder haben sie sich einmal im Spiel rote Lippen angemalt. Wie viele Jahre ist das her! Sie holt den heimlich gekauften Lippenstift hervor und zieht vorsichtig die Konturen ihrer vollen Lippen nach, entfernt die Farbe wieder mit einem Tuch, macht das Ganze noch einmal, aber noch vorsichtiger. Nicht leuchten will sie, nur ein wenig will sie ihren Mund, der sich schon nach seinen Küssen sehnt, betonen.

Noch einmal betrachtet sie ihr Werk, überprüft sich aus allen Richtungen, die der zu kleine Spiegel zulässt, rückt ein letztes Mal Tuch, Gürtel und den Anhänger der kleinen Goldkette zurecht und geht die Treppe herunter. Sie entdeckt ihn sofort beim Betreten der Gaststube und in dem Moment, in dem er sie bemerkt, beginnt sich sein mit Wein gefülltes Glas stolpernd auf dem Tischtuch zu entleeren. Was hat sie in den wenigen Minuten aus sich gemacht! War sie bisher schon wundervoll anzusehen, so hat sie sich zur Königin entwickelt. Es verschlägt ihm die Sprache. Und sie? Sie lächelt ihn an, sie lächelt über ihn, über sein erstauntes Gesicht, das ihr den Erfolg ihrer Bemühungen, schön nur für ihn zu sein, so ehrlich bestätigt mit dem Ergebnis, dass er das Glas in seiner Hand vergisst.

Sie setzt sich mit einem leicht dahin gesagten:

„Guten Abend, mein Herr!"

ihm gegenüber. Er spürt, dass seine Hände zu zittern beginnen und betrachtet in Lachen verfallend die Bescherung, die der

vergossenen Wein verursacht hat. Er stellt das leere Glas auf den Tisch, bedeckt die auf Berührung wartenden Hände Margarethes mit seinen und bringt nichts anderes über die Lippen, als:
„Wie kann man nur so schön sein!"

Während des ganzen Abends hat er nur sie im Blick und ihr ist, als würden sie diese Blicke wie die ersten Strahlen der Frühlingssonne erwärmen.

Nach dem Essen trinkt man noch eine Flasche Wein, sie sehr sparsam, denn sie weiß, dass sie schnell betrunken wird. Schließlich spürt sie schon nach dem ersten Glas die glühende Röte in ihren Wangen.

Ein wunderbarer Abend ist es geworden nach diesem ebenso wunderbaren Tag. Einmal, als sie sich zuprosten, fällt ihnen beiden zur gleichen Zeit der Satz ein:
„Martha, wir danken dir!"
Sehr spät wird es nicht, denn beide zieht es hoch in ihr Zimmerchen und zu dem, was dort noch auf sie wartet.

Lange genießen sie sich in fester Umarmung, nach stürmischer Hingabe zu Lust nach Auflösung in sich selbst.

Wie schön ist das Aufwachen im Arm des liebsten Menschen in einem Bett, das in einem Zimmer einer fremden Stadt steht. Sie machen sich fertig, um das Frühstück an dem gleichen Tisch, an dem sie gestern Abend so glücklich waren, einzunehmen. Sie bestellen Kaffee und während die Wirtin des Gasthofes in der Küche alles zusammenstellt, was für ein gemütliches Frühstück eines verliebten Pärchens vonnöten ist, stellt er ihr einen kleinen Umschlag vor die Kaffeetasse.

Er muss sich die freudige Erregung mit der Hand vor dem Mund unterdrücken und beobachtet Margarethe, wie sie mit den Worten reagiert:

„Was hast du schon wieder für Überraschungen ausgebrütet?"
Er zuckt nur mit den Achseln und wartet, dass sie endlich den Umschlag öffnet. Auf den Tisch purzeln zwei bedruckte Karten. Sie weiß nicht sofort, was das zu bedeuten hat, schaut ihn fragend an und er kann es nicht erwarten, sie aufzuklären und flüstert:
„Heute Abend in der Kirche - die Musik kennst du ja bereits."
Da sie noch nie die Möglichkeit hatte, ein Theater oder womöglich ein Konzert zu besuchen, kann sie die Zusammenhänge nur verlangsamt finden.
Es vergehen einige Sekunden, bis sie aufspringt, dabei das Tischtuch mitreißt, so dass eine Tasse klirrend umfällt und das Besteck mit Getöse zu Boden fällt und zu Heinrich an die andere Seite des Tisches springt, ihn von hinten förmlich überfällt und ihn samt Stuhllehne umarmt, dass es beiden weh tut.
„Heinrich, ist das wahr? Ist das wirklich wahr? Heute Abend dürfen wir die Musik noch einmal hören?"
„Ja, mein Schatz, wie ich sehe, brauche ich nicht zu fragen, ob du dich freust."
„Freuen? Ich bin außer mir vor Begeisterung. Heinrich, wie soll ich dir dafür danken? Es grenzt an Wahnsinn, was du mich erleben lässt!"
Während sie die beiden Kostbarkeiten zurück in den Umschlag steckt, fallen zwei große Tränentropfen auf ihren weißen Frühstücksteller.
Sie stellen die Ordnung auf dem Tisch wieder her. Außer ihnen beiden und der Wirtin ist kein Mensch im Gastraum, so dass der Freudentaumel keine Aufregung weiter ausgelöst hat. Die Wirtin bringt den Rest des Frühstückes und wünscht mit einem herzhaften Lachen Guten Appetit.
Die Freude über den bevorstehenden Abend wird ergänzt durch die Tatsache, dass man noch eine gemeinsame Nacht hier verbringen darf. Der ganze Tag gehört ihnen allein. Sie könnte hüpfen

und springen vor Glück und tatsächlich hängt sie sich beim Verlassen des Gasthofes in seinen Arm und zwingt ihm ein paar Hüpfschritte auf. Sie verabschieden sich von der vertraut gewordenen Umgebung und gehen erneut in die Stadt, den Rest anzusehen, den sie gestern nicht geschafft haben.

In einem Geschäft, in dem Gemälde und andere Kunstgegenstände angeboten werden, kauft Heinrich ihr noch ein großes Buch über ein besonderes Altarbild, das von einem der größten Maler, Matthias Grünewald, geschaffen wurde. Andächtig blättern beide während einer Ruhepause auf einer Parkbank in den farbigen Abbildungen und sie ist erschüttert über die Art der Darstellungen. Noch nie hat sie derartiges gesehen. Selbst das gestern in der großen Kirche gesehene Altarbild verblasst vor diesem. Heinrich ist erstaunt über die Urteilsfähigkeit Margarethes, die so unvoreingenommen und mit einer derartigen Prägnanz und Erkenntnistiefe diese Abbildungen beurteilt, als würden derartige Dinge ihr täglicher Umgang sein. Bewunderung spricht er aus und sie beginnt daraufhin, ihm weiter die einzelnen Bildausschnitte zu erläutern. Besonders die schmerzverkrampften Hände des Gekreuzigten beeindrucken sie sehr. Sie sieht in Tiefen, die er bisher nicht geahnt hat und sie beginnen auf der Parkbank, auf der sie gestern schon einmal saßen, ein langes Gespräch, das die Wurzeln des Christentums, das weltumspannende Geflecht christlichen Glaubens, ihre eigenen Verflechtungen in diesem undurchdringlichem Dschungel, diesem uferlosen Machtsystem, zum Thema hat. Seit ihrem ersten Gespräch über diese Thematik am See, nachdem er ihr das so inhaltsreiche kleine Buch vorgelesen hatte, hat sie viel nachgedacht über sich, über die Mutter Gottes mit dem so erwachsen ausschauendem Christuskind zu Hause in ihrer Kirche, über den Priester, dem sie sich so oft anvertraut hat und vor dem sie jetzt Scheu - nein Angst - empfindet, über die Freundinnen, die sie am Taufbecken erleben musste, und jetzt über das, was sie hier sieht und was ihr Heinrich zu sagen weiß von vielen anderen Theorien und Erkenntnissen großer Gelehrter, deren Namen sie nicht einmal kennt und deren Thesen sie nicht erfassen könnte. Doch was das Größte für sie ist - die gestrige Musik. Sie gesteht Heinrich, dass sie furchtbar aufgeregt ist in der Erwartung, diese Musik noch einmal hören zu dürfen.

Heinrich denkt auf einmal an die Begegnung mit der Mutter dieser „dummen Göre", die noch an den Klapperstorch glaubt. Er will darüber nicht nachdenken und noch weniger mit Margarethe über diese Frau reden.

Der Tag vergeht wie im Fluge, man speist in einem anderen Gasthof als gestern, man wandert hinaus vor die Stadt in eine parkähnliche Landschaft und sitzt dort lange auf einer Bank, um sich auszuruhen.

Margarethe bemerkt:

„Versprich mir, dass du mich ganz stark kneifen wirst, wenn ich heute Abend zu sehr heulen muss. Die anderen müssen nicht hören, wie es in mir aussehen wird. Hol mich dann schnell zurück auf die Kirchenbank. Auch dann, wenn ich mitsingen sollte."

Am späten Nachmittag treffen sie wieder in ihrem Domizil ein, legen sich noch einige Minuten auf das Bett, reden über die Musik, die sie nachher in ihrer vollen Gewalt erwartet, machen sich fertig für das Ereignis. Heinrich hat seinen grauen Anzug an, unter dem ein weißes Hemd leuchtet. Er hat mit seiner Garderobe vorgesorgt und sich mehrere frische Sachen mitgebracht, so dass er sogar eine feine Seidenkrawatte umbinden kann. Seine schwarzen Schuhe glänzen. Stolz ist sie auf ihn, wie er sich als feiner Herr präsentiert. Und sie hat nichts als das einfache weiße Kleid, das sie wenigstens mit einer „Stola" eleganter machen kann.

Nachdem sie in der Gaststube noch eine Scheibe Brot gegessen haben, laufen sie hinüber zur Kirche. Die Menschen strömen zum Tor hinein. Man sucht die nummerierten Plätze und Margarethe stellt erstaunt fest, dass es kaum einen Menschen gibt, der sich beim Eintritt in die Kirche bekreuzigt, dass sehr wenige vor dem Setzen einige Sekunden in stiller Andacht stehen bleiben. Alles ist hier so völlig anders, um so vieles freier als zu Hause. Sie hat keine Lust, über diese Lappalien nachzudenken und schaut zu, wie sich vorn vor dem Altar die Musiker formieren, wie sie ihre Instrumente stimmen, zu üben beginnen. Hier und da erkennt sie Melodien wieder in dem Tumult von Tönen. Spannend ist das alles. Heinrich hält ihre Hand und schaut etwas erhaben lächelnd zu ihr herüber. Für ihn ist das nichts Neues. Nur, dass er mit einem Mädchen, das er unbeschreiblich liebt, in einer Kirche sitzt, ist neu für ihn.

Der Chor tritt ein, heute nicht in Tageskleidung, sondern die Frauen in weißen Blusen und schwarzen langen Röcken, die Herren in schwarzen Anzügen mit Fliegen unter dem Kinn. Nachdem sich alles in der richtigen Ordnung aufgestellt hat, kommt der Dirigent mit den beiden Solisten, die heute auch ganz anders als gestern gekleidet sind. Der Herr im Frack und die Frau in einem dunkelroten Abendkleid, über dem sie eine schwarze Stola trägt. Ruhe tritt ein und nach einer weiteren Atempause, kommen wie gestern aus einer unendlichen Tiefe die Orchesterklänge hervor und erfüllen das Kirchenschiff.

War es gestern bei der Probe schon ein großes Erlebnis, hier in dieser feierlichen Atmosphäre öffnet die Musik alle Grenzen, von der eine Menschenseele eingeengt sein kann. Während des ersten Chorales lässt Margarethe sich vom Gesamteindruck faszinieren. Ablenken lässt sie sich noch von den vielen Nebensächlichkeiten, von den Bewegungen des Dirigenten, von den Farben, vom großen Kreuz, das über den Musikern schwebt. Überall gibt es Beeindruckendes zu sehen.

Dann ertönen Klänge, die ihren ganzen Körper erbeben lassen und sie signalisiert diese Erregung der Hand Heinrichs, die die ihre fest umschlossen hält. Er schaut zu ihr und sieht, wie sie gebannt in die Musik hineinschaut.

Wie schön ist es, sie so zu sehen, denkt er.

Und weiter geht es, unaufhaltsam weiter fließt die Gewalt der Musik in Margarethe ein. Sie singt mit, denn die Melodien, die sie gestern hörte, sind noch in ihr. Aber Heinrich braucht nicht einzugreifen. Ihr ganzes Inneres ist angefüllt mit Klängen und ihre Stimmbänder verhalten sich ruhig. Anders als gestern hört sie, geht mit allen Stimmen der großen Choräle mit, verfolgt, wie die Stimmen sich voneinander fortbewegen, zurückkommen, miteinander spielen, um sich in Sehnsucht wieder zu vereinen und in brausender Gewalt einen gemeinsamen Triumph zu feiern. Erst später stürzt etwas auf sie ein, dass sie ähnlich wie gestern derart rührt, dass ihre Tränen fließen. Heinrich reicht ihr sein Taschentuch. Sie schaut ihn an mit tränennassen Augen und lacht ihm strahlend entgegen. Ihr Blick sagt ihm „Wie ist das schön, Heinrich. Das ewige Paradies kann man hören."

Sie rückt dicht an ihn heran und presst ihre linke Wange an seine Schulter.

Der Schlusschoral verklingt und eine andächtige Stille bleibt in dem riesigen Kirchenschiff stehen, so dass man nach dem letzten verschwindenden Nachhall sucht. Sehr langsam lässt der Dirigent seine Hände sinken und gibt dem Auditorium die Möglichkeit, seiner Begeisterung durch Beifall Ausdruck zu geben. Zaghaft erst, dann aber schnell um sich greifend, klatschen tausend Hände oder mehr die Begeisterung aus sich heraus, lassen der Ergriffenheit freien Lauf, geben die Möglichkeit, sich die Augen zu trocknen und sich umzustellen auf das Leben, das sie draußen auf dem Platz vor der Kirche zurück erwartet. Heinrich lässt seine Hände schallend klatschen. Margarethe ist zu ergriffen, als dass sie zu derartigen Begeisterungsergüssen fähig ist. In ihr jagt noch immer eine Melodie die andere. Sie fühlt, dass sie lange Zeit brauchen wird, um sich wieder wie gewohnt mit Heinrich unterhalten zu können. Anhaltendes Schweigen wünscht sie sich. Ganz still sein und in der Stille zurück zu der Musik gleiten, ist ihr Wunsch für den Rest des so ausgefüllten Tages.

Wie alle anderen erheben sie sich und gehen hinaus. Heinrich sagt etwas zu ihr. Irgendetwas über einen Gasthof, über Wein, darüber, wie schön es war. Sie kann nicht richtig zuhören. Auch ist es ihr egal, ob sie da oder dorthin gehen. Sie bittet:

„Heinrich, bitte sei still. Lass uns einfach schweigen und den Abend genießen. Ich brauche Zeit, um wieder auf diese Erde zurück zu kommen."

Auch wenn er das alles mit nüchternen Augen sieht, so glaubt er doch, sie verstehen zu können, vor allem, da er weiß, dass es das erste Konzert in ihrem Leben war. Er legt seinen Arm um ihre Schultern und geht mit ihr in irgendeine Richtung. Der Abend ist noch angenehm warm, so dass sie durch die Stadt laufen und sie ganz allmählich wieder in die irdische Welt einfliegen kann, um dann auch bereit zu sein, mit ihm in einem entlegenen Wirtshaus eine Flasche Wein zu leeren und zu Abend zu essen.

Sehr spät kommen sie in ihrem Quartier an. So spät, dass sie der Wirtin klingeln und sich für ihre Verspätung entschuldigen müssen. In dieser Nacht liegen sie still nebeneinander und wollen nichts weiter, als sich fühlen. In beiden zieht der vergangene Tag noch lange seine Kreise im Halbschlaf. Während Heinrich ab und zu mit Bitternis an die Zeit der langen Trennung denkt, kommt in Margarethe eine Melodie nach der anderen zurück, schwebt durch sie hindurch, tönt in ihr und lässt noch einmal ihr Zwerchfell erbeben.

Auch der letzte Tag in der Stadt wird ausgefüllt mit vielen kleinen schönen Dingen. Am Nachmittag machen sie sich auf den Heimweg und kommen spät am Abend in der Pension an und können die arme Martha von ihren Verpflichtungen erlösen.

Tatsächlich freut sich Martha riesig über das viel zu teure Geschenk, aber am meisten Freude bereitet ihr der Anblick der Freundin, von der sie meinen möchte, sie noch nie derart froh und glücklich gesehen zu haben. Eine erwachsene Frau ist aus dem Kinde geworden. Gewachsen ist sie in diesen kurzen Wochen mit diesem Mann, dass es ihr wie ein Wunder erscheint. Aber sie ist auch klug genug, zu hoffen, dass dieses Wachsen nicht ein kurzes Aufbäumen vor einem Abgleiten in den ewigen Stumpfsinn des täglichen Einerleis in dieser Umgebung bleibt.

Sie verabschieden sich voneinander und das Paar verschwindet in dem kleinen Kämmerchen unter dem Dach, um eine weitere Nacht - die letzte Nacht - zu verbringen.

DER LETZTE TAG

Der Sonnabend ist angebrochen. Entsetzlich legt sich dieses Wort auf beide Gemüter, denn es ist der letzte gemeinsame Tag auf lange Zeit. Martha erledigt die Arbeiten in der Pension und sieht ab und zu nach der Mutter Margarethes, der es etwas besser geht, so dass sich das Pärchen voll und ganz seiner Liebe und dem Abschied widmen kann. Die drei Tage in der Stadt waren wunderbar gewesen, so dass beide die Tatsache, dass ihr Glück sehr bald eine lange Unterbrechung erfahren wird, in den Hintergrund schoben. Für diesen letzten Tag haben sie sich vorgenommen, nochmals die Stellen, in denen sie so glücklich sein durften, zu erleben. Das ist das kleine Paradies am Bach, der Wald und der Steg am See.

Im Gepäck haben sie eine Decke zum Unterlegen und Proviant für den Mittag. Sie können sich, versteckt im hohen Gras, zwischen Büschen lieben, bis sie vor Müdigkeit einschlafen, um aufs Neue ihre Hände und Körper miteinander spielen zu lassen, sich mit liebsten Worten ewige Liebe schwörend.

Beiden befiehlt ihr Unterbewusstsein, an diesem letzten Tag alles an Liebe aufzutanken, was ihre Herzen fassen können, um von dieser Fülle in der langen Zeit der Entbehrung zehren zu können. Sie verschmelzen wieder und wieder ineinander bis es schmerzt, ja, sie versuchen, in der innigsten Umarmung einzuschlafen, um auch in Träumen eng beieinander zu sein.

Den Vormittag verbringen sie im Paradies am Bach. Sie haben die beiden Bücher mitgenommen, das eine, aus dem ihr Heinrich vorgelesen hatte und das, welches in der Stadt gekauft wurde und von dem großen Altarbild handelt. Sie lesen sich vor, blättern und schauen sich die Bilder an. Immer wieder bittet Margarethe darum, dass er aus dem schönen Märchen von der einsamen Rose vorliest, die fern auf einem kleinen Planeten auf die Rückkehr ihres Prinzen wartet. So wie diese Rose wird auch sie auf ihn warten, den Prinzen ihres Herzens, geschützt von der bösen Welt unter einem Glassturz.

Nachdem sie ihren Proviant verspeist haben, wollen sie hinauf zum Wald gehen. Vielleicht hat man Glück und der Hirt mit seiner Herde ist wieder dort zu finden und seine Flöte wird die zartesten Melodien durch den Himmel zu ihnen tragen.

Da der Hirt nicht zu finden ist, suchen sie sich am Waldrand ein schattiges Plätzchen und meinen, das Spiel des Vormittages fortzuführen. Margarethe wird plötzlich sehr nachdenklich und spricht:

„Ich verstehe jetzt, warum manche großen Künstler in geistiger Umnachtung starben. Sie haben die Gewalt und die Schönheit ihrer eigenen Werke nicht verkraftet. Sie glaubten bestimmt, dass sie immer und immer weiter das Schöne aus sich hervorholen müssen, um es der Welt zu Füßen zu legen. An ihren eigenen Schöpfungen, an ihren Tränenausbrüchen, am Widerhall der selbst erfundenen Klänge, an ihrem Drang nach Unerschöpflichkeit des eigenen Geistes sind sie zugrunde gegangen."

„Ich weiß nicht, Margarethe, ob du damit recht hast, aber bestimmt könnte es so sein."

Nach einer kurzen Denkpause sagt er:

„Dich hat die Musik gestern sehr ergriffen. Ich wusste erst nicht, wie ich das zu verstehen hatte, als dir die Tränen rollten. Aber jetzt, wenn du das so sagst, glaube ich, dich ganz zu verstehen."

Nach kurzer Denkpause antwortet sie:

„Einmal in einem solchen Chor mitsingen dürfen. Das wäre mein Wunsch - Musik ist viel mehr als Sprache."

Ihr Gespräch lenkt sich damit auf ein Thema, das er schon einmal ansprechen wollte. Ja, er könnte sich vorstellen, dass sie, wenn sie zusammen sein werden, sich intensiv um eine musikalische Ausbildung bemühen sollte. Sie hat eine wunderschöne und vor allem auch kräftige Stimme und soweit er das beurteilen kann, sollte man das versuchen. Sie antwortet ihm darauf:

„Hör auf, Heinrich, es gibt genug Träume, die auf Erfüllung warten. Wir wollen es nicht übertreiben mit unseren Wünschen."

Langes Schweigen, bis Margarethe anfängt zu singen. Er hört und glaubt seinen Ohren nicht zu trauen. Sie singt die Melodie des gestern gehörten Sopransolos. Auch der Text ist in ihrem Gedächtnis geblieben, nicht jedes Wort, aber die meisten. Er kennt das Werk gut genug, um die Richtigkeit der Melodien erkennen zu können. Er staunt über ihr musikalisches Gedächtnis. Wie ist das möglich, dass ein Mensch, der noch nie sinfonische Musik gehört hat, dem das alles so völlig neu ist, das Gehörte derart verinnerlicht, dass es im Gedächtnis haften bleibt. Er selbst ist in der Lage, etwas wieder zu erkennen, wenn er es oft genug gehört hat, aber so wie sie, zweimal hören und am nächsten Tag singen können, ist für ihn rätselhaft, grenzt an Wunder.

Er verspricht ihr, sich sehr schnell darum zu kümmern, was es für sie im nächsten Jahr für Möglichkeiten geben wird, welche Lehrer man bitten kann, vorsingen zu dürfen und dergleichen mehr. Vielleicht wird aus ihr einmal eine gefeierte Künstlerin.

Nun macht es auch ihr Freude, weiter zu träumen von derartigen Aussichten. Sie ist wieder und wieder außer sich vor Freude über die Umwälzungen, die sich durch das Kennenlernen dieses Mannes für sie ergeben. Jauchzen möchte sie vor Glück und mit ihm davon schweben von Stern zu Stern von Himmel zu Himmel, so wie der Kleine aus dem Buch.

Es ist Nachmittag geworden und sie liegen wieder eng umschlungen im Dickicht des Unterholzes am Waldrand. Sie hören ihre Herzen schlagen und Heinrich bemerkt:

„Jeder Schlag unserer Herzen verringert die uns verbleibende Zeit bis zum Abschied um ein winziges Stück. Auch der kleinste Zeitintervall ist nicht zurückzuholen außer in der Erinnerung. Deshalb lass uns jede Länge eines Herzschlages erleben wie eine schöne Ewigkeit. Es ist so schön, dich lieben zu dürfen, Margarethe!"

Im Takt ihrer Herzen versuchen sie, sich zuzuflüstern:

„Ich-liebe-dich-ich-liebe-dich-ich-liebe..."

Aber auch dieses schöne Spiel soll anderem weichen und sie verlassen den Waldrand. Der Abend macht sich durch leichte Kühle bemerkbar und sie laufen zum See hinunter.

Dort sitzen sie wie schon einmal auf dem Steg und es kommt zu einer weiteren Unterhaltung.

Margarethe hat ihren Kopf auf seine Oberschenkel gelegt und sie unterhalten sich über den gestrigen Tag. Sie reden von dem Museum, vom Konzert und von den vielen anderen Dingen. Natürlich lachen sie wieder über das verschüttete Weinglas und ausgerechnet dieses Weinglas ist der Anlass zu einem Gespräch voller Tiefsinnigkeit, denn er gesteht ihr nochmals, wie seine Sinne ihm schwanden, als er sie in der Tür der Wirtsstube erblickte.

„Margarethe, keine Göttin kann schöner sein, als du es an diesem Abend warst."

Sie antwortet ihm darauf:

„Ach Heinrich, du lässt dich von einem Idol deiner Vorstellung blenden und verwechselst mich mit diesem Idol. Ich bin nicht so schön, wie du mich siehst. Aber es ist schön, so etwas zu hören - sei geküsst dafür."

Sie überfällt ihn mit ihrem Körper und etwas angenehm Weiches schiebt sich durch seine Lippen hindurch und spielt in seinem Munde. Ihre Zungen sagen sich das, was ihre Herzen fühlen.

Nachdem sie sich wieder voneinander gelöst haben, richtet sie sich auf und fragt mit großer Ernsthaftigkeit:

„Wie kann das nur kommen, dass ich seit gestern daran zweifele, ob mein Glaube an Gott so wahrhaftig, so fest ist, wie ich es bisher zu wissen glaubte. Gestern in der Stadt war alles so anders in mir. Mir war, als würde ständig eine Stimme zu mir sprechen: die

Zeit ist reif, dass du beginnst, zu zweifeln. Du musst selbst in dir suchen, was du glauben willst und was nicht. Heinrich, vor wenigen Wochen wäre ich mit diesen Gedanken zum Priester gerannt, hätte ihn um Vergebung gebeten, hätte gern die erlösende Strafe auf mich genommen und die auferlegten Rosenkränze gebetet. Aber alles ist anders geworden, seitdem du bei mir bist. Ich fühle, dass du mir tatsächlich meinen Glauben nimmst und das Eigentümlichste ist, dass ich bereit bin, dir dafür zu danken."

Heinrich ist überrascht und antwortet:

„Nein, Margarethe, es liegt mir so völlig fern, dir deinen Glauben zu nehmen. Es ist schön, glauben zu können. Auch ich bin in einer christlichen Familie aufgewachsen, vermutlich liberaler als du, aber auch bei uns wurde ab und an ein gemeinsames Gebet gesprochen und Kirchenbesuche fanden ebenfalls statt, wenn auch nicht in der Regelmäßigkeit, die dir zu eigen ist."

Sie überlegt und antwortet:

„Ich habe von Kind an den Glauben der Heiligen Kirche praktiziert, dass ich mich als festen Bestandteil dieser großen Gemeinschaft fühlte und jetzt muss ich plötzlich zweifeln, ob es nicht noch mehr gibt, als Gebete sprechen, fromm sein, das tun, was der Priester einem anrät - aber ich war immer glücklich dabei."

„Das sollst du auch weiterhin, meine Liebste. Niemals werde ich versuchen, dich zu hindern oder dich von deinem Gott wegzubringen."

„Aber wenn du sagst Dein Gott, so meinst du doch damit, dass dieser Gott nicht unbedingt auch der Deine ist. Bitte, sage mir, wie dein Gott aussieht!"

„Muss ich darauf antworten? Ich habe Angst, dich zu verstimmen, wenn wir am letzten Tag unseres Glückes über Dinge sprechen, die kaum eine Lösung bringen können."

Eine längere Pause setzt ein, in der auch Margarethe mit geschlossenen Augen darüber nachdenkt, dass sie auf keinen Fall

Mißstimmung provozieren möchte. Aber die Fragen drängen auf sie ein und bringen sie doch dazu, weiter auf diesem Thema zu beharren. Allerdings fällt ihr etwas ganz Anderes ein. Sie legt sich wieder dicht an seine Seite, umschlingt seinen Kopf mit ihrem linken Arm und lässt den rechten auf seiner Brust ruhen.

„Heinrich, mir fällt in diesem Moment ein Traum ein, den ich vor langer Zeit einmal geträumt habe. Ich fand ihn damals furchtbar. Ich habe ihn nicht verstanden und lange Zeit völlig vergessen. Jetzt ist er wieder da und ich kann nicht einmal sagen, ob ich nicht soeben diesen Traum nochmals in Sekundenschnelle geträumt habe oder ob es wirklich nur die Erinnerung ist, die mir alles noch einmal erzählt hat."

Heinrich streicht leise über ihr Haar, das in ihrer Fülle auf seiner nackten Brust liegt.

„Versuche, mir den Traum zu erzählen, Margarethe."

DER TRAUM

Sie zögert, einen Anfang suchend:

„Wie in einem Nebel sah ich ein Paar, das sich liebte. Damals sah ich nur zwei sich liebende Menschen, die sich immer und immer wieder berührten, sich umarmten. Heute weiß ich besser, was in diesen Menschen vor sich gegangen sein muss, denn sie waren so wie wir beide. Erst jetzt verstehe ich das Verschmelzen der Körper ineinander. Jetzt könnte ich meinen, ich hätte unsere Liebe im Traum vorweggenommen. Bestimmt empfinde ich jetzt dieses Traumerleben deshalb auch umso intensiver und schöner, weil ich nun alles weiß, was zwischen einer Frau und einem Mann sein kann. Ich fand es damals schon wunderbar. An das Aussehen der beiden Menschen kann ich mich absolut nicht entsinnen. Sie waren irgendwie gesichtslos - wie eine Verallgemeinerung.

Der Mann überreichte der Frau eine wunderschöne Blume, die sie mit ihrer Hand ganz zärtlich berührte und zum Mund führte - küsste. Schön war das anzusehen. Sie steckte sich die Blume in ihr schwarzes Haar und wieder wurden Beide zu Einem.

Nachdem ich lange, wer weiß wie lange, dem Paar zugeschaut hatte, wurde aus ihrer Zärtlichkeit etwas Furchtbares. Ohne erkennen zu können, warum es geschah, wusste ich, dass aus ihren Augen Hass sprühte. Ich hörte ihre Flüche, mit denen sie sich anschrien. Aber bei all dem Zorn, der Wut, blieben ihre Körper dicht beieinander. Ihre Stimmen kämpften gegeneinander, keiften und spuckten, aber ihre Körper schienen sich noch ebenso zu lieben wie vorher. Mir lief dabei eine Gänsehaut über den Rücken, die meinen ganzen Körper auskühlen wollte.

Die Blume, die die Frau sich in das Haar gesteckt hatte, löste sich bei diesem Kampf aus ihrem zerzausten Haar und fiel zu Boden und während dieses Fallens trennten sich ihre Körper voneinander - nur ihre Arme blieben unlösbar, wie von einem Krampf gezwungen, ineinander verschlungen. Ihr Kampf war beendet und sie blickten sich in einer plötzlichen Starre, in höchstem Erschrecken fragend an und stießen einen entsetzlichen, aber tonlosen Schrei aus. Ihre Sinne müssen sich bewusst geworden sein, was sie taten. Liebe und Hass waren gleichzeitig in ihren Körpern und das spürten sie. Dieser Schrei war so entsetzlich, dass das ganze Weltall davon zu erbeben schien und leitete eine neue, noch viel erschreckendere Veränderung ein. Jetzt erst kommt der eigentliche Alptraum.

Zwischen beiden Körpern entstand etwas Neues etwas noch Unbegreifliches. Irgendetwas ist dort geboren worden. Ich sah nichts, aber ich spürte, nein ich wusste, dass aus dem Unvermögen dieser beiden Menschen, mit sich selbst fertig zu werden, sich selbst begreifen zu können, ein Gott geboren wurde. Ja, Heinrich, es war der Allmächtige Gott, der sich dort aus einem Nichts heraus entwickelte. Aus dieser Not des Nichtbegreifenkönnens des eigenen menschlichen Ich`s, wurde ein Gott geschaffen, der als Alibi für allen Zorn, für alles Schöne und Furchtbare auf dieser Welt geboren wurde. Ab jetzt wurde für alles, was auf dieser Welt geschieht, was getan und nicht getan wird, für alle Klugheit, für alle Dummheit, für jede Liebe, jeden Hass, für jeden Blitz, jeden Donner, für Krieg und Frieden, Feuer, Wind, Regen, Durst und Hunger - einfach für Alles - ein Gott - dieser Gott - zur Ursache. Aber es ging noch weiter: Aus diesem kaum sichtbaren, aber vorhandenen Gott entstand etwas Weiteres - es verdoppelte sich.

Der Gott hatte sich einen Feind geboren. Heinrich, denkst du nicht auch, dass damit unser Allmächtiger Gott und der Teufel gemeint sein können? Überleg mal: Was bedeutet Frieden, wenn es keinen Krieg gibt, was ist Böses, wenn es nichts Gutes gibt. Das kann man doch uferlos so weiterführen. Ich glaube, dass ich im Traum so dachte und ich spürte, dass dieser Gott und dieser Teufel meine

Gedanken errieten und ich empfand das hämische Grinsen der beiden wie einen stechenden Schmerz. Heinrich, das war furchtbar!

Eigentümlich war alles, was dann passierte. Die beiden Menschen standen auf einmal weit weg von den beiden Neuen, die den Menschen nun befahlen, zurück zu kommen zu ihnen. Demütigend war es anzusehen, wie diese beiden sich soeben noch liebenden Menschen herankrochen, sich willig wie unterwürfig winselnde Hunde auf den Boden warfen. Für einen winzigen Moment versuchte der Mann, eine Abwehrhaltung zu demonstrieren, unterwarf sich aber sofort wieder.

Der Gott stellte sich mit beiden Beinen auf die kauernde Frau und hob die Arme zu einer Siegespose. Der Teufel sah dagegen bescheiden aus und begnügte sich damit, mit einem Fuß auf den Körper des Mannes zu treten und machte ihn damit zum Dienenden, degradierte ihn zum Leibeigenen. Beide, Mann und Frau wimmerten vor Unterwürfigkeit. Die Göttlichen grinsten hämisch, ja siegessicher.

Hier endete der Traum. Im Aufwachen verschwand alles. Es gab dabei Klänge, die sich anhörten wie der Schall von Glocken, aber es war auch ein seltsames Schreien, das sich in diesen Glockenton einmischte. Ganz grässlich empfand ich, dass ganz weit weg von mir ein trockenes furchtbares Lachen zu hören war. Es gab etwas, das sich über alles, was da passiert war, vor Lachen ausschütten wollte. Ich weiß es nicht. Vielleicht lachen wirklich viele andere Götter über die Menschen."

Heinrich ist sprachlos und weiß nichts zu sagen. Margarethe unterbricht das Schweigen und fragt:

„Ob Gott und der Teufel wirklich so entstanden sind? Ist Gott nur eine Erfindung von Menschen? Ich habe gelernt, dass die Bibel Gottes Wort ist, aber das wäre ja dann falsch. Heinrich, was ist denn nun richtig? Ich weiß nicht mehr weiter!"

Heinrich besinnt sich, versucht, Worte zu finden, um etwas zu erklären, dessen er sich selbst so sicher nicht ist. Den einzigen Vorteil, den er für sich gegenüber Margarethe erkennt, ist, dass er über derartige Probleme schon viel nachgedacht, auch viel mit Freunden gesprochen hat, aber ob das, was er denkt, allgemeingültig ist, wagt er nicht zu behaupten.

Er besinnt sich auf den Spruch, der ihm die einfachste und umfassendste Erklärung für den Begriff Gott erscheint und zitiert:

„Gott ist die Liebe. Wer in der Liebe wohnt, der wohnt in Gott - und Gott in ihm."

Sie antwortet:

„Ich kenne diesen Spruch. Aber nie habe ich versucht, diese schönen Worte so zu deuten. Wie einfach das klingt, Heinrich. Gott heißt nichts weiter als Liebe, Liebe und nochmals Liebe. Aber, wenn ich die Liebe habe - wozu brauche ich dann noch einen Gott? Darf man so etwas überhaupt fragen. Ich versündige mich schon wieder!"

„Ich möchte diese Frage so beantworten: Wenn alle Menschen, das Paar deines Traumes oder wie wir beide, die Liebe zueinander in dieser wunderbaren Innigkeit spüren, gleichermaßen empfinden, könnte es nichts Böses mehr geben, es sei denn, wir zweifeln an uns selbst, so wie es deinem Traumpaar ergangen ist und beginnen, gegeneinander zu kämpfen - grundlos, die Liebe vergessend. Dann beginnen wir wieder nach Ursachen für das eigene Unvermögen zu suchen, uns selbst zu verstehen. Da wir Menschen die Ursache für das eigene Verhalten leider selten begreifen, haben wir uns Alibis geschaffen und schieben Göttern - ob einem oder vielen, ist dann nicht mehr ausschlaggebend - für alles Furchtbare, das wir einander antun, die Verantwortung zu. Dann heißt es: für Gott in den Krieg ziehen, dann wird im Namen Gottes geplündert und gebrandschatzt, dann werden unschuldige Menschen im Namen Gottes bei lebendigem Leibe verbrannt, dann werden Völker unterjocht. Wenn das alles der angebliche Sohn des großen Gottes, Jesus Christus, mit ansehen müsste, was aus seiner Idee vom Guten im Menschen gemacht wurde - was glaubst du, wie er das sähe?"

Margarethe lässt diese Erklärungen im Raum stehen und beginnt neu mit dem Gespräch und spricht gedankenversunken:

„Ich bin nicht deshalb ein guter Mensch, weil ich an Gott glaube. Ich kann nur dann gut sein, wenn ich Göttliches in mir fühle."

„Oh, meine Liebe, meine wunderbare Frau. Du bist die Liebe, in der ich Gott in mir fühle. Es ist so großartig, an diese, unsere Liebe glauben zu können, aber ich rate dir trotzdem, die schönen Gewohnheiten deiner Gebete nicht zu vergessen. Auch wenn sie dir fragwürdig werden. Sie werden dir helfen. Sie werden dich schützen in schweren Stunden. Hole dir den Trost im Gebet zu der Mutter Gottes in eurer Kirche, von der du mir erzählt hast. Der Marmor, aus dem sie geformt ist, bleibt kalt, aber dein Herz wird warm, wenn du zu ihr sprichst. Und nur darauf kommt es an."

„Heinrich, ich habe Angst, wenn du so sprichst. Warum können wir nicht sofort beisammenbleiben? Ich habe furchtbare Angst, dass ich nicht stark genug sein werden, die Trennung von dir zu verkraften."

„Margarethe, du wirst als Engel ständig über mir schweben, wenn ich weit fort von dir bin. Diesen Engel werde ich jeden Morgen wachküssen, werde ihn jeden Abend in den Schlaf wiegen mit den schönsten, zärtlichsten Berührungen und deinen ruhigen Atem will ich in jeder einsamen Nacht neben mir spüren. Wir werden in diesem göttlichen Gefühl immer beieinander sein, auch wenn wir lange nichts voneinander hören und sehen werden. Du musst tapfer sein, versprich mir das - bitte!"

Eine Pause entsteht. Noch einmal richtet Heinrich eine Bitte an sie:

„Margarethe, dein Traum - bitte erzähle ihn keinem Menschen mehr solange du in dieser Stadt lebst. Niemand würde diesen Traum verstehen. Alle würden ihn zu deuten versuchen und alle würden ihn nur gegen dich verwenden - und dich leiden lassen. Der Horizont der meisten Menschen, und damit sind die Herren der Kirche eingeschlossen, ist nicht größer als eine Untertasse."

„Ja, Heinrich. Auch will ich versprechen, dich auf meinen Engelsflügeln ruhen zu lassen und dich zu den schönsten Träumen führen. Nicht zu solchen, die nur Kummer machen, wie der, den ich dir erzählte. Ja, mein Liebster, ich freue mich, dein Engel zu werden."

Nach diesen vielen Worten liegen zwei Götter auf einem Steg. Um sie herum liegt still das Wasser eines kleinen Sees, der idyllisch in der untergehenden Sonne schillert.

Zwei Körper schmiegen sich aneinander, vier Hände drücken sich und zwei Seelen versinken in sich selbst, schweben fort in den Himmel ihrer Liebe, in den Himmel ihrer Göttlichkeit.

Spät am Abend dieses Tages kehren sie zurück zu Martha. Die sieht ihnen an, dass sie nur noch das Bedürfnis haben, in ihr Bett zu fallen. Margarethe und Heinrich verabschieden sich dankend von der lieben Freundin und das Paar verschwindet in das Kämmerchen, um nicht in den tiefsten und erholsamsten Schlaf zu fallen, der ihnen unter normalen Umständen zustehen würde. Zu kostbar ist die Zeit, die Zeit eines jeden Herzschlages, die Zeit eines jeden Atemzuges, denn lange, zu lange wird die Einsamkeit Macht über sie haben.

Wie stark sind die Flügel eines Engels?

Wieder liegen sie sich in den Armen. Ihre Münder suchen und finden sich. Mehr noch findet sich - und sie schweben ein letztes Mal davon im höchsten Rausch ihrer Liebe, nehmen Abschied. Sie schlafen, sie wachen, sehen das Ende ihres derzeitigen Glückes unaufhaltsam näherkommen.

Heinrich spürt im Schlaf, wie sich Margarethe stöhnend von einer Seite auf die andere wälzt, wieder in ruhigen Schlaf fällt und erneut leise stöhnt. Er versucht mehrfach, sie durch sanftes Berühren zu beruhigen.

Aber wieder erwacht er, dieses Mal durch ihre Stimme, die ihn ruft.

DIE LETZTE NACHT

„Heinrich - halt mich fest, bitte, bitte, halte mich ganz, ganz fest!"
ruft sie verängstigt neben ihm. Ihre Augen sind groß und leuchten
ihm im Halbdunkel der Mondnacht entgegen. Sie liegt flach auf
dem Rücken mit entblößtem Oberkörper. Die Arme liegen ausge-
streckt neben ihr. Er beugt sich zu ihr herüber, sie jedoch zieht
ihn zu sich herab und bittet nochmals:

„Halt mich fest - ganz fest. Komm zu mir, leg dich ganz dicht zu
mir."

Er kriecht unter ihre Decke, sie legt ihren Kopf auf seine Schulter
und presst sich fest an ihn. Seine Finger beginnen, auf ihrer Brust
zu spielen und bringen sie dazu, zu erzählen, was ihr im Traum
widerfahren ist. Es war furchtbar und schön zugleich. Sie fühlt
sich noch immer beben von diesem fantastischen Traumerlebnis.
Selten hat sie ähnliches erlebt, dass ein Traum derart nah bei ihr
ist.

Er lässt ihr viel Zeit, denn er weiß um die Flüchtigkeit von Traum-
inhalten. Sie besinnt sich lange, um die ganze erlebte Geschichte
in der richtigen Reihenfolge und in all ihren Schönheiten und
Grässlichkeiten wiedergeben zu können. In aller Ausführlichkeit
beginnt sie ihren Bericht:

„Es fing damit an, dass ich mich schweben fühlte. Ich spürte, dass
unter mir weites Land war. Ich hörte helle, klare Töne, die sich
miteinander vermischten zu harmonischen Klanggebilden, die in
den Tälern und Bergen leise verhallten und ganze Welten mit Mu-
sik erfüllten. Ich fühlte mich umgeben von Hoffnungen, gefüllt
mit wunderbaren Düften.

Ich sah glitzernde kristallklare Tröpfchen umherfliegen. Das wa-
ren meine Tränen, die ich vor Glück vergossen habe. Es war
Nacht, aber nicht völlig dunkel. Mir wurde plötzlich bewusst,
dass ich schwerelos auf einer großen Fläche von Rosen schwebte.

Unzählige Rosenblüten trugen mich, im Rhythmus der Musik hin und her. Die Reise ging in weite Ferne auf ein langes zartes goldenes Kreuz zu. Es war das Kreuz, das in meinem Zimmer über dem Bett hängt. Weißt du noch, dir war es auch als schön aufgefallen, als du das erste Mal bei mir warst?"

Er sagt leise

„Ja, mein Liebes. Aber erzähl weiter. Es ist wunderbar, dir zuzuhören. Du weißt nicht, wie schön deine Stimme klingt."

Da sie nicht sofort mit ihrer Erzählung fortfährt, fügte er hinzu.

„Ich liebe dich, Margarethe."

Sie drückt sich daraufhin noch fester an ihn und spricht weiter:

„Alles, was ich erlebte und sah, war von einer derart beängstigenden Wirklichkeit, dass ich mich für einen Moment aus dem Traum herausschlich, um mich darüber zu wundern. Bekleidet war ich mit einem dünnen weißen Hemd, das in weichem Faltenwurf über dem Rand des Rosenlagers schwang. Meine langen Haare hingen aufgelöst über diesen Rand herunter und waren viel, viel länger als in Wirklichkeit.

Es erklang ein Gesang, der so leise war, dass er nur aus unendlichen Weiten hergetragen sein konnte. Beim Einsetzen dieses Gesanges begannen die hauchdünnen Linien des goldenen Kreuzes zu leuchten. Einen Wind spürte ich über mich hinwegwehen. Dieser Wind, so wusste ich, wird das Traumerleben bringen und machte mich regelrecht neugierig auf das, was geschehen sollte, mit mir, mit dem Kreuz, mit den Rosen oder womit auch immer. Ich wartete. Der Gesang wurde stärker und auf einmal stellte ich fest, dass dieser Gesang nicht aus der Ferne kam, sondern in mir entstand."

Hier macht Margarethe wieder eine Pause, um sich zu besinnen, wie es weiter ging. Er hört sie ruhig atmen und spürt ihren Herzschlag.

„Margarethe, du musst im Traum geredet haben und deine Stimme kam dir selbst wie Musik vor."

Als Antwort stößt sie ihn leicht in die Seite, denn ihr ist der Traum zu ernst, als dass sie ihn durch Witzeleien kommentiert wissen will.

„Auch war ich nicht mehr allein. Du, Heinrich, warst irgendwo da draußen, weit fort von mir und du riefst mir zu, ich soll mich bereit machen für dich, denn du wolltest mich empfangen. Deine Stimme klang ebenfalls in mir - wie eigenartig war dieses Gefühl. Aber du kamst nicht, denn es waren wohl nur deine Gedanken, die sich in mich, in mein Lied mischten. Das erste Mal während dieses Traumes wollte ich etwas tun, woran man mich gewaltsam hinderte. Eine unbestimmbare starke Kraft stand zwischen uns und trennte uns, ohne dass die Klänge in mir verschwanden. Diese Klänge versuchten stärker als die trennende Kraft zu sein und wurden immer lauter. Der Wind wehte warm über mich und ich sah, wie sich mein Haar in diesen Luftzügen bewegte.

Ich war voller Erwartung, dass dieser Wind ein besonderes Traumerlebnis zu mir bläst. Schattenhafte Gestalten entwickelten sich unter mir. Ein riesiger schwarzer Vogel näherte sich mir. Lautlos schwebte dieses Tier auf mich zu und ich sah seine Augen leuchten. Heinrich, es waren zwei wunderschöne Menschenaugen, die mich ansahen - nein, anstrahlten, als würden in ihnen Altarkerzen brennen. Die Lider dieses Vogels schlossen sich und die Erscheinung löste sich in nichts auf. Heinrich, ich habe wirklich in diese Augen gesehen so wie ich in deine schaue. Der Schnabel des Vogels war ein wenig geöffnet und wollte etwas zu mir sagen, kam aber nicht dazu, weil alles zu schnell vorüber ging. Schade, denn Worte, die zu solchen Augen gehören, können nur schön sein. Du warst ebenfalls verschwunden und ich war wieder völlig allein.

Heinrich, was jetzt alles passieren sollte, war so überwältigend, dass ich nicht weiß, wie ich Worte dafür finden soll. Es war niemand da außer mir, aber ich wusste, dass sich unter mir zwei Menschen befanden. Aber es hätten auch Geister - oder Götter – sein können.

Vor meinen Augen, die nichts sahen, spulten sich Ereignisse, Gespräche, Bewegungen ab, die ich nur im Geiste fühlend erlebte. Es strömte eine gewaltige Kraft von unten zu mir hoch, dass mir schwindlig wurde. Am schlimmsten war mir zumute, als ich erkannte, wer die da unten waren und mir das Gefühl gaben, von ihnen angesehen zu werden. Es war Gott und sein Widersacher, der Teufel.

Einen Trost hatte ich, denn ich war in unerreichbarer Höhe über ihnen. Jetzt kam wieder eine furchtbare Beklemmung über mich, denn ich hörte, dass sie mir, nein, dass sie dir und mir unsere Liebe nehmen wollten. Sie wollten sie einfach für sich haben und ich bekam Angst, furchtbare Angst, es könnte ihnen gelingen, uns diese größte Kostbarkeit zu stehlen. Noch wusste ich nicht, was sie mit unserer Liebe anfangen wollten. In mir wurde alles so stark und ich wollte mich wehren und spürte auch, dass ich anwuchs, dass sich eine riesige Kraft in mir ansammelte.

Ich wurde stärker und stärker. Die Musik in mir erklang immer lauter, nein, so, als wäre diese neue Musik eben diese Kraft, die sich in mir zusammenbraute. Ich kannte nicht die Melodien, aber ich wusste, dass sie wunderschön sind. Es war Musik, die ich noch nie gehört habe, so als würden hunderte Instrumente auf einmal erklingen. Und die Orgel schien ebenso hinein zu dröhnen wie gewaltige Chöre von Menschen und Kindern - Heinrich, das war so unbeschreiblich schön, dass ich es nicht beschreiben kann. Die Verse handelten von gleichnishafter Vergänglichkeit, von Weiblichkeit. Ich fühlte eine grenzenlose Dankbarkeit und Verbundenheit allem Weiblichen gegenüber. Ich war eigentümlich stolz darauf, eine Frau zu sein und geliebt zu werden und die Liebe, die mir entgegenströmte, vermischte sich mit der, die aus mir herausdrängte - es war wunderbar, Heinrich."

Sie lässt sich ein wenig zurücksinken, als ob sie versucht, diese Musik und alle die erlebte Liebe noch einmal zurück zu holen. Nachdenklich sagt sie:

„Jetzt glaube ich dir, dass es noch größere Musik geben kann als die, die wir in der Stadt hörten."

„Es gibt diese Musik tatsächlich, Margarethe. Du ahnst sie, ohne sie je gehört zu haben. Ich verspreche dir, dass du sie erleben wirst, wenn wir zusammen in den großen Städten sein werden und die Konzertsäle besuchen. Dann wirst du das wieder hören, was du im Traum geahnt und gefühlt hast."

„Oh, Heinrich, wäre das schön! Ich lauschte und in dieses Lauschen hinein vernahm ich die Inhalte der Gespräche und Bewegungen unter mir. Ich kann nur versuchen, alles mit meinen bescheidenen Worten wiederzugeben. Es war sehr eigenartig, doch irgendwie schön.

Die beiden, dieser allmächtige Gott und dieser nur um Kleinigkeiten weniger mächtige Teufel zeigten sich nicht frei von Gefühlen, nicht frei und unempfänglich für die Schönheiten unserer Empfindungen."

Hier macht sie wieder eine Pause und stellt erstaunt fest:

„Heinrich, ich bemerke erst jetzt, dass sich ein früherer Traum, du weißt von ihm, sich mit dem neuen vermischte. Der damalige Traum wurde einfach fortgesetzt. Mir wird ganz schwindelig, wenn ich daran denke. Gibt es das wirklich? Ein Traum als Fortsetzungsroman?"

„Margarethe, die letzten Wochen waren so schön und ereignisreich, so dass es ganz normal ist, dass dich in Träumen die Ereignisse der Tage beschäftigen. Erzähl weiter."

„Sie glaubten, erhaben und weit über unserer Liebe zu stehen aber sie irrten sich, denn in ihrem tiefsten Inneren ist doch noch etwas übriggeblieben aus den längst vergessen geglaubten Zeiten ihrer eigenen Geburt und Kindheit, der liebevollen Fürsorge ihrer Eltern, den Menschen. Entschuldige Heinrich, wenn ich wirres Zeug rede, aber es ist so schwer, in Worte zu fassen, was mir in diesem Traum so einfach und einleuchtend schien.

Beide, Gott und Teufel, wurden traurig darüber, dass liebe Eltern sie vergessen konnten und sie mächtig, viel zu mächtig werden ließen. Beide standen nebeneinander, ja, sie rückten immer dichter zusammen und schauten zu mir hoch. Da ich sie nun kennen gelernt hatte, kamen sie mir viel weniger gefährlich vor. Die Musik war jetzt auch so laut in mir, dass die beiden sie ebenfalls hören mussten. Sie lächelten zu mir herauf, lächelten sich an und fühlten sich wie wir, wie du und dich.

Sie beneideten uns um die wunderbare Art, die wir Menschen uns zu eigen gemacht haben, Sehnsüchte zu haben, sich zärtlich und liebevoll berühren zu können. Der Teufel war derjenige, der sich völlig verzaubern ließ vom Klang der Musik. Er dachte an uns Menschen und an die Schönheit, die unsere Gefühle und auch unsere Sprache annehmen kann und ich hörte ihn fluchen, dass von diesen Kreaturen, die sich Menschen nennen, trotzdem so viel Furchtbares, soviel Hass und Sinnlosigkeit ausgeht. Und was das Schlimmste ist, dass ausgerechnet er es ist, der all dies Furchtbare verantworten soll, dass er Urheber dieser immerwährenden absurden Gewalt und schizophrenen Dummheit sein soll. Es könnte doch überall und immer so herrlich wie jetzt, in diesem Moment, sein, in dem er in eine über ihm schwebende Liebe sehen kann, die so schön, so edel ist, die die ganze Welt ausfüllen möchte. Wie gern würde er sich dann beschränken auf sein ihm zugedachtes Amt, das Vergängliche vergänglich zu machen, die Natur des

Todes einfach natürlich sein zu lassen, der Verwalter des Sterbens zu sein.

Jetzt passierte etwas, worüber ich lächeln musste, weil es einfach zu schön war, das zu spüren. Ich weiß noch, dass ich in diesem Moment versuchte, mich auf die Seite zu wenden, um nach unten zu schauen, aber es gelang mir nicht, leider, denn dann könnte ich dir noch ausführlicher davon erzählen. Der Teufel bekam ein sehr menschliches Bedürfnis, ja das menschlichste aller Bedürfnisse überkam ihn, ausgerechnet ihn, das Symbol von Hass und Verneinung. Es geschah das Außergewöhnlichste. Ungeniert legte dieser Teufel seinen Kopf an die Schulter Gottes und streichelte sanft dessen Hand. Seine Satansseele hatte das Bedürfnis, sich mit der anderen göttlichen Seele zu verbinden. Gott war der Scheue, Zurückhaltende und besann sich, schaute wieder und wieder zu mir herauf und ergab sich plötzlich der angenehmen Berührung. Seine Gottesseele hüpfte vor Freude. Zaghaft erwiderte er die Zärtlichkeiten und strich dem Teufel über den Kopf, so dass beide verzaubert ihre Funktion im Weltgeschehen einfach vergaßen.

Gott blickte plötzlich erschrocken hoch zu mir, als hätte er Angst, ich könnte das Treiben da unten sehen. War das nicht lustig?"

„Ja, Margarethe, nicht nur lustig. Wunderbar ist es, sich derartiges vorstellen zu können. Weißt du, dass du den Himmel auf Erden ausmalst mit deinen Träumen? Woher weißt du das alles?"

„Ich weiß gar nichts, Heinrich. Ich habe nur geträumt. Aber lass mich noch den Schluss erzählen".

Je mehr der Teufel zärtlich zu Gott war, umso mehr ängstigte sich Gott. Ich spürte genau, es war Gott angenehm, die Hand des Teufels auf sich zu spüren und die Wärme eines anderen, selbst wenn es nur ein Teufel sein durfte, in sich einströmen zu lassen. Wie interessant das ist: Hölle liebt Himmel. Ist das nicht köstlich?

Wenn ich das dem Priester erzählen würde, der würde mir Pest und Galle für diese Versündigung an den Hals wünschen.

Ich fand es einfach herrlich, die beiden Verliebten so miteinander spielen zu sehen.

Aber es kam doch alles anders. Ich merkte, wie Gott immer ängstlicher wurde, wie ihn die Peinlichkeit übermannte und er den anderen fortstieß und fürchterlich zu fluchen begann. Grässlich wurde dieses Fluchen, aber das Schlimmste kommt noch. Die beiden versteinerten sich mit einem Schlag und in ihrem zurückkehrenden Hass wurden sie gefühllose Wesen, gefühllose Gottheiten. Sie stießen sich auseinander und es gab ein fürchterliches Krachen und Dröhnen, so ähnlich, wenn man im Kirchturm direkt unter der Glocke steht und diese zu läuten beginnt."

Während der letzten Worte hat sie ihren Kopf von seiner Schulter zurückgezogen und liegt neben ihm. Seine Arme umschlingen sie und beide liegen so dicht es nur geht, Brust an Brust, Kopf an Kopf geschmiegt, aneinander.

„In diesem Moment muss ich aufgewacht sein".

Er hat ihr die ganze Zeit mit größter Aufmerksamkeit zugehört, oft kopfschüttelnd über so viel Inhalt. War das ein Zaubermärchen! Wunderschön, furchtbar und gleichnishaft. Und das war für ihn das Erstaunlichste, dass diese Margarethe schon wieder einen solchen Traum träumen und ihn in einer derartigen Logik wiedererzählen konnte. Und er hatte geglaubt, sie wäre ihrem Glauben nach wie vor unerschütterlich ergeben.

Oh, Margarethe, was bist du nur für eine Frau! Wie stark du bist! In ihm denkt es noch viel weiter, aber er wagt nicht, diese Gedanken auszusprechen.

Seine rechte Hand wandert über ihren Körper, legt sich auf ihre nackte linke Brust und umschließt diese mit leichtem Druck.

Er schaut zum Fenster und sieht dort im dämmrigen Mondlicht den Strauß Rosen, den Martha dorthin gestellt hat. Er erhebt sich, küsst sie auf beide geschlossenen Augen, geht zum Fenster, nimmt eine der Rosen aus der Vase, um sie ihr zwischen die jugendlich festen Brüste zu legen.

Sie schlägt die Augen auf und sagt nichts, außer ein leises: Danke!

DER SCHAFHIRT

Allein - der fünfte Sonntag ihres neuen Lebens und der erste ohne dessen Inhalt. Heute in den frühen Morgenstunden ist er abgereist.

Vom Kirchgang ist sie erstaunlich schnell zurückgekehrt. Sie hat sich ganz in die Nähe des Kirchentors gesetzt, um die Erste zu sein, wenn der letzte Choral verklungen ist und die Glocke das Ende des Gottesdienstes einläutet. Noch bevor die anderen sich erheben konnten, war sie bereits verschwunden und als die ersten Gläubigen in das Tor traten, sah man nur noch ein Stück ihres wehenden Umhanges hinter der Straßenecke verschwinden.

In ihr Zimmer kommend, strahlte ihr ein riesiger Strauß dunkelroter Rosen unter den Gardinen des halbgeöffneten Fensters entgegen. Diesen hatte Heinrich, bevor er die Stadt verlassen musste, heimlich dorthin gelegt. Erst bei dem Anblick dieser Rosen wurde ihr völlig bewusst, wie schwer es werden wird, die lange Zeit ohne ihn auskommen zu müssen.

Wie gern hätten sie nach dem Erwachen die Zeit angehalten, die sie unbarmherzig überrollen wollte, aber sie mussten sich der Realität stellen und vorsichtig schlichen sie aus der Pension. Sie huschten ungesehen durch die Gassen, über den Marktplatz.

Ein letzter nicht enden wollender Kuss und die Zeit für sie war abgelaufen. Sie schlüpfte in ihr Zimmer in der Hoffnung, alle Bewegungen würden an den sensibilisierten Ohren der Mutter vorbei gehen. Er ging in die bereits für den heutigen Tag aufgekündigte Unterkunft, um sich reisefertig zu machen.

Was soll sie nun mit sich anfangen? Die Müdigkeit, die sie in allen Gliedern spürt, hilft ihr, den größten Schmerz des Alleinseins zu überspielen.

Bis zum Mittag hat sie alle möglichen Verpflichtungen. Frühstück muss bereitet, Mittagessen gekocht werden. Die kranke Mutter ist zu versorgen, auch wenn sie mit höchstem Widerwillen das Zimmer der Mutter betritt, denn nichts ist Margarethe mehr zuwider, als ihren Triumph über die Abreise Heinrichs spüren zu müssen. Mit Apathie führt sie alle diese Handgriffe aus und möchte nur allein sein - allein irgendwo draußen an einer der Stellen, an der sie so glücklich war. Der Himmel hat sich mit Wolken zugezogen und sich ihrem Seelenzustand angepasst.

Sie läuft hinaus zum Bach, bleibt lange auf einem großen Stein sitzen, denn im Gras ist es heute zu feucht. Sie wünscht sich, in dieser Einsamkeit ihren Tränen freien Lauf lassen zu können. Keiner würde ihre Tränen sehen können. Aber es gelingt ihr nicht. Der Schmerz, der in ihr wühlte, ist anderer Natur und lässt ihre Augen trocken bleiben. Irgendwann steht sie auf und geht in Richtung Wald und beginnt zu lauschen, ob nicht die Flöte aus der Ferne zu ihr herüberschallt. Schade, nichts ist zu vernehmen als das Zierpen der Grillen und Gurren wilder Tauben. Sie läuft trotzdem durch das Waldstück und indem sie die Wiese erreicht, sieht sie vor sich die ganze Herde der Schafe zum Greifen nahe. Hinter einem Baum verbirgt sie sich. Auch hat sie etwas Angst vor den beiden Hunden, die nicht immer nur schlafen werden.

Plötzlich beginnt die ersehnte Musik nicht weit entfernt von ihr einzusetzen. Sie steht wie gebannt, lauscht und es geschieht das mit ihr, was sie sich vorhin am Bach gewünscht hat. Erst lösen sich einige wenige Tränen aus ihren Augen, dann spürt sie, wie die Tropfen auf ihre Bluse herunterfallen und es quillt ein einziges aufrüttelndes Schluchzen aus ihr heraus. Sie steht mit der Stirn an einem Baum gelehnt und muss den Sturzbächen ihrer Tränen freien Lauf lassen. Die Zeit verliert sich in ihr. Hinter ihrem Schluchzen hört sie das Singen der Flöte nicht mehr.

War es ihr Herzschlag oder das laute Weinen, das den Hirten auf-
horchen ließ? Jedenfalls erhebt sich dieser von seinem Sitz, geht
dem Geräusch nach und entdeckt das weinende Mädchen nicht
weit entfernt von seinem Sitz. Margarethe hört das Rascheln im
Waldboden und blickt unerschrocken dem Schafhirten entgegen.
Ohne die geringste Scham wartet sie auf sein Näherkommen.

Der Schafhirt ist ein Mann, der die Sechzig überschritten hat.
Seine dichten langen Zottelhaare sind weiß, ebenso sein Barthaar,
das nur wenige Male im Jahr einer Pflege unterzogen wird. Er lebt
schon viele Jahre wie ein Einsiedler, hütet die Schafe der Bewoh-
ner der umliegenden Dörfer Das Markanteste an ihm ist, dass er
stumm ist. Es gelingt ihm nur, wenige kaum verständliche Worte
zu formulieren. Mit seinen Tieren verständigt er sich in einer
höchst eigenen Lautsprache, mit Fremden hat er größte Probleme
und geht deshalb möglichst allen Begegnungen mit Menschen aus
dem Weg. Aber etwas anderes charakterisiert ihn mit noch grö-
ßerer Besonderheit. Das, was ihm am Ausdrucksmittel Sprache
fehlt, hat eine gütige Natur ihm an anderer Stelle hinzugeschenkt.
Er hat die Gabe, Melodien zu hören, wo überall er nur steht. Er
hört sie in den Bäumen rauschen, auf den Wiesen summen, das
Blöken der Lämmer verwandelt sich in seinen Ohren zu Harmo-
nien. Nachdem er einmal vor langer Zeit eine kleine wertlose
Flöte geschenkt bekam, durfte er feststellen, dass man das, was
man mit Ohren aus der Stille heraus hören kann, auf so einem
kleinen Stück Holz mit dem sonst nur zum Essen benötigten
Mund zu Gehör bringen kann.

Er hatte viel Zeit bei seinen Schafen und mit einigem Geschick
baute er sich andere Instrumente und blies seine Melodien über
die Felder für sich zum Vergnügen, für manchen Wanderer zum
Aufhorchen. Ein solch aufhorchender Wanderer, der wohl ein
richtiger Musiker war, gab ihm eines Tages verschiedene Rat-
schläge, sein Instrumentensortiment zu erweitern, so dass er

mittlerweile eine beachtliche Sammlung von selbst gebauten Flöten hat. Doch meist spielt er nur noch auf einer bestimmten, einer nach Panflötenart aneinandergereihten großen Anzahl von unterschiedlich langen Rohren. Auf diesem Instrument kann er wunderbare warme Töne hervorzuzaubern, kann laute wie auch sehr leise und zarte Klänge erzeugen. Er spielt an manchen Tagen stundenlang vor sich hin. Die Melodien kommen mit dem Hauch der Winde zu ihm und er bläst sie zurück in die Wälder und Wiesen, so dass das Getreide, die Büsche und Bäume sich zu seinen Liedern im Takte bewegen.

Die Flöte in den Händen haltend schaut er aus einiger Entfernung mitleidig auf das ihm unbekannte Mädchen. Er möchte die Unglückliche nicht erschrecken, geht zwei Schritte zurück, und lässt sich von einem Busch teilweise verdecken, setzt die Flöte an die Lippen und beginnt, nur für sie zu spielen. Er nimmt ihre Traurigkeit auf, deren Ursache er nicht kennt, aber ahnen kann und spielt Melodien, die noch kein Mensch vorher gehört hat.

Allmählich beruhigt Margarethe sich und lauscht seinen Tonfolgen, doch ohne aufzusehen. Ab und zu lässt er einen kleinen Triller einfließen, macht ein paar Kunststückchen, entlockt dem Instrument nasal klingende Flageolett-Töne und lenkt die Melodien in immer lustigere Folgen. Ihr Seelenschmerz lässt sich verdrängen. Sie schaut endlich auf und ein Lächeln huscht über ihr Gesicht.

Da sie kein Taschentuch zur Hand hatte, müssen wieder einmal die Ärmel ihrer Bluse die Nässe von ihren Wangen aufnehmen. Ihre Augen werden frei von Tränen und sie sieht dem, der sie so lieb vom Kummer zu erlösen versucht, in die Augen. Wie gern hätte er zu dem so lieblich aussehenden Kinde etwas gesagt. Mit seinem Stammeln will er sie nicht erschrecken aber mit den Händen bedeutet er ihr, sich ihm gegenüber auf einen Baumstumpf zu setzen. Er nimmt aufs Neue seine Flöte zur Hand und spielt weiter für sie. Sie hört und beginnt mitunter zaghaft mit zu summen.

Es kommen die beiden Hunde angelaufen, schnüffeln erregt an ihr herum aber nach einem ihr unverständlichen Wort des alten Mannes legen sie sich in das Gras.

Die Zeit vergeht und es wird Abend. Die Idylle muss abgebrochen werden. Margarethe geht auf den Alten zu, um sich zu verabschieden und ihm Dank zu sagen. Er wehrt ab und hält es nun doch für nötig, ihr sein Leiden zu bekennen, indem er sich mit beiden Händen an die Lippen greift und mit verneinender Kopfbewegung zu verstehen gibt, was nicht gesagt werden kann. Sie begreift, schlingt kurz und kräftig, ganz anders, als sie noch am Morgen des gleichen Tages Heinrich umarmt hatte, ihre Arme um seinen Hals und drückt ihm einen kindlichen Kuss auf die bärtige Wange. Ob sie wiederkommen dürfe, fragt sie ihn und er nickt lächelnd mit dem Kopf, der fast nur aus weißem Haar besteht.

Kalt ist es geworden. Sie hüllt sich fest ein in ihren Umhang, den sie sich während des Sitzens nur lose über die Schultern gelegt hat, zieht sich die Kapuze über den Kopf und läuft nach Hause.

Den Schmerz des Abschiedes von dem Geliebten konnte auch keine noch so schön klingende Flöte besiegen aber dieser Schmerz ist ruhiger, gleichmäßiger geworden und sticht nicht mehr ganz so wie wenige Stunden zuvor.

ALLTAG

Vier Wochen währte das glückliche Leben des Mädchens. Bis zum Beginn dieses Zeitabschnittes war sie noch Kind, nach diesem Zeitabschnitt ist sie eine Frau, die denen zu vergleichen ist, die ihre Männer in einen Krieg verabschieden müssen, hoffend auf deren Rückkehr aber im gleichen Maße auch zweifelnd, ob das bisherige Glück jemals Fortsetzung finden darf.

Um diese folgende Zeit zu beschreiben, könnte man hunderte unbeschriebener Seiten folgen lassen und den Leser bitten, diese mit der gleichen Intensität zu betrachten und umzublättern wie die mit Inhalt gefüllten.

Heinrich fuhr in seine Heimatstadt, begann zielstrebig das zu beginnen, was er sich und Margarethe versprochen hat und es dauerte nicht lange, bis die ersten Erfolge sich einstellten. Der Freund erwartete ihn, hielt sich mit Vorhaltungen zurück und war froh darüber, Heinrich „vernünftig" geworden zu sehen.

Nach dem Brief, den Heinrich vom Freund erhalten hatte, war das Vertrauen und die Offenheit zwischen beiden getrübt auf lange Zeit. Heinrich wusste, dass der Freund ihm wie sich selbst wünschte, das Leben aus vollen Zügen zu genießen, zu arbeiten, zu reisen und sich nicht an das erste hübsche Lärvchen zu binden, das einen zu betören versucht. Wie sollte er auch wissen, welche Veränderungen sich im Leben Heinrichs vollzogen hatten nach eben diesem Erscheinen eines ersten „Lärvchens".

Sie planen zwar vieles gemeinsam, aber Heinrich vermeidet es, über seine Zeit mit Margarethe und seine Zukunftspläne zu sprechen. Der Name Margarethe wird lange Zeit zum Tabu in ihren Gesprächen. Oft sieht der Freund Heinrich mitleidig an, wenn er spürt, dass dieser Tränen in den Augen hat und ihm die Stimme nicht gehorchen will. Die Zeit wird diese Wunden heilen, bemerkt er für sich.

Kaum zu Hause angekommen, schreibt er Margarethe den ersten Brief, legt ein kleines Taschentuch mit in den Umschlag, in dem er eine winzige zusammengedrückte rote Rose verbirgt.

Als sie diesen Brief öffnet, presst sie die Rosenblüte an ihre Brust, als wäre Heinrich persönlich zurückgekehrt. Dann verbirgt sie diesen Brief bei den anderen Dingen, die sie von ihm geschenkt bekommen hat. Sie antwortet ihm umgehend und stellt beim Schreiben fest, wie leicht es ihr fällt, Worte zu finden, ihm ihre Liebe zu gestehen, ihm zu erzählen, was ihr gerade in den Sinn kommt. Überliest sie ihre Zeilen, zerreißt sie das Blatt, um neu zu beginnen. Ist sie mit dem Inhalt einverstanden, stört sie ihre unschöne krakelige Handschrift und muss nochmals von neuem beginnen. Lange dauerte es, bis sie endlich halbwegs zufrieden mit sich ist und den Brief verschließen kann.

Wenige Tage später erhält sie eine wunderschön verfasste Antwort, versehen mit einem Gedicht, Hinweisen auf das kleine Buch, das er ihr vorgelesen hat und das in ihren Besitz übergegangen ist. Unzählige Male liest sie die Seiten seines Briefes, küsste jedes Wort und bewundert die ausgeglichene Handschrift. Erst viel später fällt ihr auf, dass sie den Brief nicht selbst geöffnet hat. Sie fand ihn sorgfältig aufgeschlitzt auf dem Tischchen ihres Zimmers. Die Mutter konnte das nur gewesen sein, denn sie war wieder gesund und arbeitete in der Pension. Margarethe ist außer sich vor Zorn und stellt die Mutter am Abend zur Rede. Wieder kommt es zu einer nervenaufreibenden Auseinandersetzung, während der Margarethe feststellen muss, dass die Mutter sehr wohl in den Tagen ihrer Krankheit bemerkt hat, dass sie hintergangen wurde. Die Pension war vernachlässigt, Gäste waren kaum gekommen, aber Margarethe musste Martha bitten, zu helfen. Das ging alles nicht auf und in ihrer herrschsüchtigen Art verbietet die Mutter ihr nochmals jeden Umgang mit diesem Menschen, der nach diesem Geschreibsel zu urteilen ja wohl noch dazu ein kindlicher Träumer sei und niemals ernsthafte Absichten haben kann.

Margarethe geht in ihr Zimmer, weint sich aus und versucht, das Gespräch zu Papier zu bringen, um es am nächsten Tage Heinrich zu senden. Die Mutter jedoch fasste nach der Auseinandersetzung mit der Tochter einen Entschluss, der in seiner Tragweite nicht schicksalsschwerer hätte sein können.

Wenige Tage später kommt die Antwort Heinrichs. Dieses Mal nicht geöffnet, weil Margarethe diejenige war, die die Post entgegennahm. In diesem Brief teilt ihr Heinrich mit, dass er für mehrere Wochen, wenn nicht sogar Monate, verreisen wird und deshalb die Korrespondenz zwischen ihnen problematisch werden kann. Er wird versuchen, ihr immer seine Adresse, an die sie ihre Post richten kann, mitzuteilen, hofft aber auf ihr Verständnis, wenn alles ein wenig durcheinandergerät. Er erklärt ihr, dass die Aussicht, an einer Grabungsexpedition in Nordafrika teilnehmen zu können, sehr groß sei.

Die Mutter soll sie links liegen lassen und ihr möglichst wenig Anlass geben, ihren Zorn an ihr auszulassen. Ein größerer Geldschein liegt dieses Mal im Brief, für den sie sich etwas Schönes kaufen möge. Irgendwie ist sie enttäuscht. Sie hatte besondere Tröstung erwartet und las nüchterne Dinge. Über den Geldschein kann sie sich viel weniger freuen als im ersten Brief über die duftende Rose.

Auch beschwört er sie, fest an ihre gemeinsame Zukunft zu glauben, ebenso wie er selbst nichts sehnlicher erwartet als den Tag des Wiedersehens. Sie werden in dieser Gewissheit das Jahr der Trennung überstehen, denn ihre Liebe wird die lange Zeit vergehen lassen wie die Dauer eines Tages. Sie wollen sich vornehmen, sich keine Sorgen um den anderen zu machen, sie wollen vertrauen auf das Leben, das sie gemeinsam verbringen werden. In ihren Gedanken wollen sie beisammen sein - immer wird er ihre Engelsflügel um sich spüren. Sie versteckt den Brief nebst Inhalt in dem Tagebuch, das wiederum in einem sicheren Versteck liegt und macht sich erst Tage später an das Verfassen einer Antwort, die sie an die ihr bekannte Adresse schickt, in der Hoffnung, man wird sie ihm nachsenden.

In der Zwischenzeit war die Mutter aktiv geworden. Sie verband sich mit einer auf der Poststelle der Stadt arbeitenden guten Bekannten gegen ihre Tochter und vor allen gegen den Fremden, vor dem sie um jeden Preis ihre Tochter zu beschützen gedachte.

Man wollte die ankommenden Briefe, die an Margarethe gerichtet sein würden, abfangen und vernichten, am besten ungelesen. Die, die Margarethe zur Post bringen wird, hatten ebenfalls in der Stadt zu bleiben und im nächsten Kamin zu landen. Es wird bestimmt nicht lange dauern, und das Mädel wird den Mann vergessen haben und der hat mit Sicherheit in den Städten genügend Möglichkeiten, sich zu amüsieren und muss nicht Margarethe mit seiner angeblichen Liebe betören. So wurde es beschlossen und so wurde es getan.

Margarethe wartet auf Nachricht ebenso wie er und beide beginnen, enttäuscht voneinander zu reagieren - erst ein wenig, dann immer mehr, aber beide trösten sich mit dem Versprechen, dass nichts, aber auch nichts ihrer Liebe im Weg stehen kann und nach der Zeit des Wartens ihr Leben weitergehen wird wie es unterbrochen wurde.

Im Laufe der Wochen ebnet sich der Trennungsschmerz auf ein Maß, mit dem zu leben man sich gewöhnen kann - und muss. Ihr Alltag und sein abwechslungsreiches Leben unterstützen diesen Prozess. Still beginnt Margarethe zu warten, verkriecht sich in sich selbst in der Hoffnung, dass das Jahr tatsächlich wie ein Tag vergehen möge und er zurückkommen wird. Und er arbeitet auch ohne ihre ständige Anteilnahme an sich und seinem beruflichen Fortkommen. Ja, er will die Schöne in der Ferne, wenn es soweit ist, vor vollendete Tatsachen stellen und ihr möglichst die ganze Welt zu Füßen legen.

Margarethe wird bald durch die erneute Krankheit der Mutter stark belastet und ist todmüde, wenn sie sich abends in das Bett legen darf. Die tägliche Arbeit und die Krankheit der Mutter lassen sie nicht zur Besinnung kommen. Wie oft nimmt sie sich vor, allein an den Bach zu gehen oder sich in Sehnsüchten verspinnend auf den Steg am See zu setzen, aber es bleibt meistenteils bei dem Wunsch.

Auch an den lieben Hirten denkt sie, besonders, wenn die Wehmut sie übermannen will, ohne jedoch den Mut aufzubringen, seine Nähe zu suchen.

NEUES LEBEN

Vier Wochen nach Heinrichs Abreise beginnt eines Tages Margarethe auf die Anzeichen ihres Körpers zu warten, die man als die „Tage" bezeichnet. Die Ahnung wächst und die Gewissheit wird von Tag zu Tag größer, dass sie Mutter wird. Wie herrlich, ist der erste Gedanke. Wie furchtbar - der zweite. Diese beiden Gedanken streiten in ihr vom ersten Tage ihrer Existenz um die Priorität und da der Mann Heinrich nicht erreichbar ist, um ihm diese frohe Botschaft zu übermitteln, dominiert der zweite Gedanke. Sie freut sich auf das Kind, aber sie hat Angst, sogar furchtbare Angst, Heinrich könnte nicht früh genug zurückkommen, um mit ihr gemeinsam das neue Leben zu schützen.

Sie hat auf ihren zweiten Brief bisher keine Antwort bekommen. Was wird geschehen, wenn sie ihm die Nachricht nicht übermitteln kann und er nicht erfährt von dem, was keiner von ihnen vorausgesehen hat.

Sie spürt, dass man sie bereits höhnisch anschaut. Es kommt ihr vor, als ob man jeden Tag neugierigen Blickes mit einem Bandmaß ihren Körperumfang messen möchte, wenn sie sich auf der Straße sehen lässt.

Und wieder vergeht Woche um Woche, bis irgendwann einmal auffällt, dass sie, von leichtem Schwindelgefühl getrieben, sich an eine Hauswand lehnt, und dieser Umstand, der nun schlagartig in dem ganzen Städtchen als der „andere Umstand" des Mädchens Margarethe bekannt wird. Ab jetzt verfolgt sie Getuschel, verfolgen sie hämische Blicke. Sie wird gemieden von den Freundinnen und als Folge dessen zieht sie sich völlig zurück aus dem sogenannten öffentlichen Leben der Gemeinde.

Sie schreibt einen Brief nach dem anderen an die einzige Adresse, die ihr vom Vater des Kindes bekannt ist, und wartet weiter. Heinrich ist auf der bereits angekündigten großen Reise im Norden Afrikas, schreibt Margarethe mindestens jede Woche einen Brief, fleht sie in jedem dieser Briefe an, ihm zu antworten und muss sich damit begnügen, auf den Flügeln eines wunderschönen Engels seine Nächte zu verbringen. Er redet mit Margarethe morgens, tagsüber und bis spät in die Nacht hinein, erzählt diesem Engel alle seine täglichen Erlebnisse.

Aber der Engel sitzt in einem kleinen Städtchen und die Sorgen lassen seine Flügel immer schwächer werden. Müde bringen diese Flügel ihre Sehnsüchte auf die Reise zu ihm, der dieses Sehnen zwar in gleichem Maße erwidert, aber die Worte des Engels, und deren sind so viele, nicht hören darf.

Margarethe erinnert sich an die langen Unterhaltungen, die sie mit Heinrich am See und auch zu Hause führte und an seinen Rat, das Gespräch mit der Mutter Gottes zu suchen. Aber vergeblich wartet sie auf die Wärme, die von diesem Stück Marmor in sie einströmen sollte.

Nein, sie kann nicht mehr mit der Ehrlichkeit zu Gott und den Seinen sprechen. Der Kinderglaube ist zerbrochen und sie vermisst diesen Glauben, zornig, weil es nicht mehr ihr Glaube ist. Ihr Glaube ist die Liebe zu Heinrich, aber der ist weit fort und kann die Gebete, die sie zu ihm schickt, nicht hören. Sie lebt in der Erinnerung an die wunderbaren Stunden, lässt die Musik, die sie in der Stadt hören durfte, in sich erklingen und empfindet darin ihren neuen Glauben, richtet sich daran auf, aber wie lange sie Erinnerung, Hoffnung und Musik aufrecht halten werden - sie weiß es nicht.

Einsam geht sie in die Kirche und versucht ein letztes Mal, sich zu befreien von der Angst. Dieses Mal wird es so schlimm, dass sie vor der Statue der Mutter Gottes nicht sehr weit von der Eingangstür der Kirche entfernt, ohnmächtig zusammenbricht. Mehrere Frauen, die sich in der Kirche aufhalten, bemerken ihren Sturz, eilen hin zu ihr, stellen fest, wer da liegt und schauen sich gegenseitig an mit Blicken, die sagen:

„Ach die ist es nur."

Sie nehmen sie hoch und schleifen sie hinaus in das Freie, lehnen sie an die Kirchenwand. Hier sitzt sie in ihrer Ohnmacht wie eine der Bettlerinnen, die an Sonntagen mitunter in ähnlicher Stellung dort sitzen. Die Frauen und einige Passanten, die stehen geblieben sind, geben ihre Kommentare zum Besten, unter denen sie aufwacht. Sie hört noch die schmerzenden Worte:

„Hure - Bastard - Schande."

Sie flüchtet und verbirgt sich. Es gibt einen einzigen Menschen in dieser Stadt, der zu ihr hält. Das ist Martha, die oft bei ihr ist, ihre Hände hält und versucht, sie zu trösten.

Ein weiterer Schicksalsschlag braut sich über Margarethe zusammen. Ist es nun die Schwangerschaft oder einfach nur die sich beschleunigende Krankheit der Mutter, die diese Frau wieder auf das Krankenlager zwingt. Der Kopf möchte ihr vor Schmerzen zerplatzen und eines Morgens findet Margarethe die Mutter ohne Lebenszeichen im Bett vor. Sie ist in der Nacht gestorben.

Der Schlag, den dieser Verlust für Margarethes Leben bedeutet, ist die eine Seite. Die andere Seite ist die Gemeinde der Stadt, die sich ab jetzt offen gegen Margarethe positioniert. Die Beerdigung der Mutter sollte für die trauernde Tochter ein Spießrutenlauf werden.

Gestützt von Martha muss sie die Predigt des Priesters über sich ergehen lassen, die weniger an die Tote als auf die Lebende ausgerichtet ist. Margarethe wird vor der überfüllten Kirche offen beschuldigt, den Tod der Mutter durch ihren würdelosen Lebenswandel verursacht zu haben. Schwer soll es der Tochter werden, Gnade vor Gott, dem Allmächtigen zu erhalten. Schwer wird sie zu sühnen haben für ihre Vergehen. Auch das Kind in ihrem Leibe wird keine Gnade vor Gott finden, beladen mit der Sünde, die es mit auf diese Welt bringen wird.

Dieser furchtbare Tag, vielleicht der Schlimmste in Margarethes Leben überhaupt, geht vorüber, so, wie eben jede Zeit vergänglich ist, und die Hasstiraden der Vertretung Gottes auf Erden enden in einem demutsvollen „Vaterunser", begleitet von Glöckchen und Weihrauch, denn es wird schließlich eine der treuesten und gläubigsten Seelen der Gemeinde dem Reich Gottes überantwortet.

Erlöst findet sich Margarethe in Marthas Zimmer wieder, die versucht, einen Menschen zu trösten, der nicht einmal mehr in der Lage ist, Tränen vergießen zu können. Die Menschen, die um sie waren, haben im Namen des „Einzigen" alles aus ihr herausgesogen, haben sie leer gemacht, so dass sie sich fühlt wie eine vertrocknete Frucht. Viele Tage verbringt sie bei der Freundin, bis sie ich wieder fängt und beginnen kann, klare Gedanken zu fassen.

Margarethe hat keine Ahnung von dem Geheimnis, das die Mutter mit in das Grab genommen hat. Es ist das Geheimnis, von dem nur ein einziger Mensch dieser Stadt weiß und der nicht daran denkt, es zu lüften, um damit das Mädchen Margarethe zu retten. Die Post, die bei dieser Frau eintrifft, wird auch weiterhin dem Vermächtnis der Mutter getreu vernichtet.

Was bleibt der Einsamen, als sich um die Arbeit in der Pension zu kümmern und sich nachts in immer furchtbarer werdende Träume zu flüchten. Das Tagebuch füllt sich mit tränennassen Seiten - ihr einzige kleiner Trost.

DER TRAUM VOM URTEIL

Margarethe beginnt zunehmend an die prophetische Bedeutung ihrer Träume zu glauben, besser gesagt, sie kann den Gedanken nicht los werden, dass ihr die Angst-Träume klar machen, wohin ihr Leben sie führen wird.

Ihren Alltag lebt sie, aber die Träume wollen ihr die Wahrheit dieses Alltags verkünden, denn nur im Traum, im absoluten Alleinsein kann sie diesen Alltag verstehen. Sie erlebt diese Träume bewusst und es gelingt ihr nicht, sie aus ihrem Gedächtnis zu entlassen. Sie spürt sich wachsen, stärker und härter werden mit diesen Träumen, so dass sie Nächte kennenlernt, in denen sie sich nach Träumen sehnt, um festeren Boden unter ihre wankenden Füße zu bekommen, auch wenn panische Angst sie in diesen Wünschen begleitet.

Margarethe hat in einer der unzähligen Nächte schweren Schlafes einen Traum, den sie ihrem Tagebuch erzählt. Im Erwachen, in Angstschweiß gebadet, kreist zum wiederholten Male die schwere seelische Last über ihr, die sie zu erdrücken droht.

Der Traum beginnt in undurchdringlicher Nacht. Schatten kommen herbei, schweben ineinander, ziehen vorüber, färben sich, wachsen und verschwinden in einer tonlosen Weite. Die Schatten reduzieren sich auf eine Linie und ein hauchdünner Faden spannt sich vor ihrem Traumhorizont..

Nichts hat Schwere, nichts hat Töne, auch sie selbst ist nicht hier, nur ihre Augen sehen und ihr Empfinden legt das Erlebte in ihrem Gedächtnis nieder.

Die Gottesgestalt ihres ersten großen Traumes ist erneut schienen und Margarethe erstarrt beim Anblick des ausgestreckten Arm Gottes, dessen Zeigefinger auf einen sich im diffusen Halbdunkel entwickelnden Frauenkörper zeigt.

Dieser Frauenkörper balanciert unbekleidet, jugendlich schön, auf der roten Linie und greift sehnsüchtig und hilfesuchend nach dem Geliebten, der sich als Schatten hinter der Frau bildet.

Doch der Geliebte ist für die Frau unerreichbar. Ihre Hände beginnen zu zittern, ihr Körper beginnt zu beben vor Erregung. Ihre Arme, ihre Hände gleiten herab an ihrem Körper, umfassen die Brüste und kommen zurück, um sich Tränen der Verzweiflung aus den Augen zu wischen.

Der Geliebte verschwindet im Dunkel des Traumes. Die Frau steht allein auf der roten Linie und der Zeigefinger Gottes ist noch immer auf sie gerichtet, kommt näher und näher auf sie zu und berührt ihren Bauch, der sich in diesem Moment wölbt und zeigt, dass sie ein Baby in sich trägt.

Unerbittlich drück der Finger die Frau weiter. Sie beginnt, sich zu wehren, bäumt sich auf unter dem harten Griff, aber jeder Kampf ist zwecklos. Sie vermag es nicht, sich der Gewalt entgegenzustemmen. Ihre Arme hängen schlaff herunter. Eisige Starre geht von der Gottesgestalt aus.

Die rote Linie endet wie abgerissen und die Frau spürt den Abgrund. Sie verliert das Gleichgewicht und fällt als steifer Körper in das grenzenlose tiefe Schwarz.

Margarethe fällt mit ihr in die Tiefe. Sie wartet und wartet auf den Aufprall, doch bevor der Sturz sein jähes Ende findet, wird sie geweckt vom dröhnenden Klang der Kirchenglocke. Sie möchte rufen wie damals:

„Halt mich fest, Heinrich, ganz fest - ich habe solche Angst!"

Aber das Wissen um das Alleinsein schnürt ihr die Kehle zu.

MARTHA

Das Jahr geht zur Neige und es gibt noch immer kein Lebenszeichen von Heinrich.

Martha ist diejenige, die wieder einmal die Initiative ergreift und genau die Hypothese aufstellt, nach der die Korrespondenz durch die Mutter tatsächlich unterbunden wurde. Allerdings beschränkte sich der Verdacht nur auf die Mutter.

Sie schreibt einen Brief an Heinrich und berichtet ihm von den eingetretenen Umständen und auch, dass er im März des nächsten Jahres Vater werden wird und dass er unbedingt von sich ein Lebenszeichen geben muss.

Dass die Mutter Margarethes die Unverschämtheit besessen haben könnte, noch andere in das Komplott gegen die Tochter einzubeziehen, will auch Martha nicht für möglich halten, aber um auch in dieser Befürchtung ganz sicher zu gehen, denn sie kann sich erinnern, die Mutter Margarethes mit der Frau vom Postamt zusammen gesehen zu habe, reist Martha eigens deshalb in die Stadt, um den Brief vom dortigen Postamt aus zu befördern. Natürlich kann sie auch diesen Brief nur an die Adresse senden, die ihr bekannt ist.

Nachdem wieder keine Antwort von Heinrich eintrifft, wird ihnen klar, dass dieser auf einer weiten Reise sein muss und demzufolge die Nachricht nicht erhalten konnte. Also bleibt für Margarethe auch weiterhin nichts übrig als warten und hoffen wie bisher.

An den einsamen Tagen des Herbstes lässt sich Margarethe mehrfach unter dem Begleitschutz Marthas in die Nähe der Schafherde bringen, um dort in aller Ruhe den Flötenklängen des Hirten zuzuhören. Zwischen beiden entwickelt sich eine Art Freundschaft. Margarethe sitzt oft bei ihm und nach einigen dieser Zusammenkünfte beginnt sie, zu seinen Melodien zu singen, Es kommt dazu, dass sie sich gegenseitig Melodien zuwerfen, sie aufnehmen, variieren und sie bei diesem Spiel die Welt für einige schöne Momente vergessen kann.

Margarethe singt dem Hirten viele Melodien aus der großen Musik vor, die sie mit Heinrich in der Stadt so sehr beeindruckt hat. Mit sichtlicher Freude nimmt der alte Mann die Melodien auf, wiederholt sie, lässt an den Stellen, wo es nötig ist, Margarethe korrigieren und wird damit zum Träger eines großen Geheimnisses. Auch der Hirt beginnt, diese Musik besonders zu lieben und dankt es dem Mädchen, indem er sie mit besonderer Hingabe unzählige Male wiederholt.

DAS KIND

Es ist Ende Februar. Margarethe ist hochschwanger im achten Monat. In zwei oder drei Wochen wird sie das Kind zur Welt bringen. Sie ist schon in der Adventzeit in die Pension umgezogen, um hier die wenigen Gäste, die sich für der Weihnachtsfeiertage angemeldet haben, zu versorgen. Es sind überhaupt nur noch sehr wenige, die sich zu ihr verirren. Auch dafür werden die vielen einstigen Freunde und die Gemeinde gesorgt haben. Sie fühlt sich nicht nur, sondern sie ist eine Ausgestoßene. Martha ist nach wie vor die einzige, die treu zu ihr hält, die ihr zur Hand geht und die auch anwesend sein wird, wenn die Stunde ihrer Niederkunft naht. Martha kann sie deshalb so gut verstehen, weil sie früher in einer vergleichbaren Lage war - als Geächtete. Nur das man ihr nicht das vorwerfen konnte, was man jetzt Margarethe zur Last legt. Wie oft hat Margarethe die Beschimpfungen und Lästereien gehört. Die gemeinen Worte möchte sie nicht einmal dem Tagebuch anvertrauen. Oft denkt sie darüber nach, dass dieses stets verschlossene Buch, dass sie schon gleich nach Heinrichs Abreise an einem vor der Mutter sicheren Ort in der Pension versteckt hält, ihr einziger Trost geblieben ist. Es ist der bleibende immerwährend Kontakt zu dem geliebten Mann und wenn sie ihren Kummer niederschreibt, sieht sie sein Lächeln, seine Zärtlichkeiten und sein Verständnis für sie in jeder Lebenslage. Aber sie könnte die getrockneten Tränentropfen nicht zählen, von denen die Buchseiten zeugen.

Ob sie jemals Heinrich dieses Buch lesen lassen wird?

Sollte er doch noch zur rechten Zeit kommen - aber das müsste sehr bald sein - und sein ewiges Schweigen kann mit einer simplen Erklärung begründet werden, wird es sehr lange dauern, ihm diesen Kummer zu bereiten. Sie ist sich seiner Liebe so sicher, dass sie Gründe, die damals die Mutter und jetzt die vielen anderen anführen, weit von sich schiebt. Dieses Glück, das sie in den Wochen ihrer Liebe erlebt haben, kann nicht in Frage gestellt werden.

Sie spürt das Leben des Kindes, Heinrichs Kindes, in sich und ist sich im Unklaren, ob die Freude über dieses Kind größer als ihr Sehnen nach seiner Rückkehr ist.

Seit Monaten vermeidet sie systematisch, sich auf der Straße sehen zu lassen. Martha besorgt alle Wege für sie, so dass sie sich voll und ganz den Arbeiten in der Pension widmen kann. Die Gäste, die kommen und ihren Zustand bemerken, beglückwünschen sie freundlich und stellen keine Fragen. So lebt sie einigermaßen unbehelligt von der Außenwelt. Arbeiten und warten - daraus besteht ihr Leben.

In der Stadt hat man sich, nachdem die Mäuler sich wundgeflüstert haben, von dem Thema „Die tiefgefallene Margarethe" gelöst und andere Themen für den Stadt-Tratsch entdeckt.

An einem Tag der ersten Märzwoche, das Land wurde noch einmal von klirrender Winterkälte überrascht, spürt sie ein leichtes Ziehen im Unterleib, das sich im Laufe des Tages verstärkt und zu den unwiderruflichen Anzeichen für die baldige Entbindung wird. Bereits in den Mittagsstunden setzen die Wehen in immer kürzer werdenden Abständen ein und abends gegen acht Uhr entschlüpft ihrem Körper ein neuer Mensch, etwas klein und schwach, da ihm einige Wochen zum endgültigen Ausreifen fehlen, aber gesund und munter, was sich in lautstarkem Schreien nach der Brust der übermüdeten Mutter ausdrückt. Margarethe hat sich die Lippe aufgebissen, um vor Schmerz nicht schreien zu müssen. Nun liegt sie schwach, aber zufrieden, den kleinen Sohn an der Brust, im Bett und schaut Martha zu, die mit einer unerwarteten Routine alle nötigen Handreichungen erledigt.

Martha hat sich vorgenommen, die ersten Tage nach der Geburt bei Margarethe in der Pension zu wohnen, zumindest so lange, bis die junge Mutter wieder für alles sorgen kann. Margarethe ist sehr schnell wieder auf den Beinen und der neue, ungewohnte Alltag beginnt. Nicht mehr lange kann es dauern, bis Heinrich wieder bei ihr sein wird und die riesige Überraschung im Arm halten kann. Wie freut sie sich auf dessen Augen, wenn er erfährt, dass sie ein Kind von ihm geboren hat.

Aber es gibt Umstände, die sie völlig außeracht gelassen hat und die sich am Horizont ihres derzeitigen Lebens als dunkle Wolken zusammenbrauen, um sich in Bälde als vernichtendes Gewitter über ihr zu entladen.

Das Kind ist kaum eine Woche alt und sie wird aufgesucht vom Gehilfen des Priesters, der, wie er sich ausdrückt, von der Geburt eines Kindes gehört hat und dies sich bestätigen lassen möchte. Bereitwillig, ja stolz zeigt Margarethe dem jungen Mann, der sich darauf vorbereitet, die Priesterwürden zu erlangen, das Kleine und bittet darum, einen Termin für die Taufe beim Priester festzulegen. Auch wenn sie in letzter Zeit die Kirchgänge oft versäumt hat, so hofft sie doch darauf, dass ihr Kind ordnungsgemäß die heilige Taufe erhalten wird. Und dass der Vater des Kindes zurzeit auf Reisen ist, dürfte doch für diesen feierlichen Akt ohne größere Bedeutung sein. Der junge Geistliche nimmt die Wünsche entgegen, lobt schüchtern die Frucht ihres Leibes und zieht sich demütig zurück.

Am nächsten Tag sucht er sie wieder auf, um ihr mitzuteilen, dass eine Taufe bedingt durch die unehrenhaften Umstände, unter denen sie dieses Kind empfangen und zur Welt gebracht hat, nicht möglich ist. Das Kind ist in Unehre gezeugt und kann somit nicht in den Kreis der Gläubigen aufgenommen werden. Und da ist noch etwas: Wie er hörte, ist sie, die Mutter dieses Kindes noch nicht volljährig und das verändert ihre Situation in anderer

Hinsicht gewaltig. Er wird diesen Umstand dem Bischof sowie den Behörden der Stadt melden und deren Entscheidungen über das Wohl des Kindes abwarten müssen. Er fragt sie anschließend über ihre Verhältnisse aus, in denen sie lebt, über ihre Verwandtschaft, die sie in der Stadt hat, über das Verhältnis zum Vater des Kindes, schaut sich in der Pension um, in der sich ihr Leben wie in einem Provisorium abzuspielen scheint, lässt seine Blicke alle Ecken und Räume prüfen und verabschiedet sich mit den lakonischen Worten:

„Wir werden sehen."

Martha wird nach diesem eigentümlichen Besuch zu Rate gezogen und gesteht Margarethe, dass auch sie schon an diese Probleme gedacht hat, sehr lange schon, sie aber nicht belasten wollte, denn eine Menge Kummer hat sie so schon zu tragen. Und wie man sieht, beginnt der eigentliche Kummer erst jetzt. Martha wagt nicht, das auszusprechen, was ihr auf der Seele brennt und wovor sie die liebe Freundin so gern bewahren möchte. Es könnte sein, dass man Margarethe das Kind wegnimmt, es in ein Heim für Waisen oder in eine Pflegefamilie steckt und diesen Schritt damit begründet, dass die Mutter nach ihrem offenkundigen Lebenswandel und der Tatsache, nicht volljährig zu sein, unfähig ist, ein Kind zu erziehen.

Martha weiß keinen Rat, die Freundin aus dieser Schlinge zu ziehen. Alles, was in ihrer Macht stand, zu helfen, den Vater zu finden und ihn zur schnellen Rückkehr zu bewegen, hat sie getan, aber ohne Erfolg. Nun bleibt nur zu hoffen, dass sich dieser Knoten durch ein Wunder von selbst lösen wird.

Aber dieser Knoten beginnt sich fester zusammen zu ziehen. Die Heilige Kirche und die staatlichen Institutionen ziehen an beiden Seiten des Seiles, dass sich um Margarethe geschlungen hat.

Die Entscheidung, dass ihr Kind nicht getauft werden darf, empfindet Margarethe eher als persönliche Beleidigung. Sie hat sich in der Zeit ihrer Schwangerschaft vom Glauben so weit gelöst, dass sie keinen Zorn darüber empfindet. Außerdem, wenn sie mit Heinrich in wenigen Monaten das Städtchen verlässt, wird sie sich vermutlich noch weit mehr als bisher von der Kirche abwenden. Das hat kein Gewicht mehr für sie. Erst bei diesen Überlegungen stellt sie fest, dass ihr letztes Gebet schon Ewigkeiten her ist.

Sie sieht mit innerer Wut auf die beiden großen Kirchtürme, die von der Pension aus sichtbar sind.

Es vergeht eine Woche und der schon bekannte junge Herr kommt wieder und dieses Mal als Überbringer eines amtlichen Bescheides, in dem das zu lesen ist, was sich Martha bereits in ihren bittersten Ahnungen zusammengereimt hatte. In diesem Schreiben, gegengezeichnet vom Bischof der Stadt und dem Leiter des dort befindlichen Jugendamtes wird sie, die nicht volljährige Margarethe, aufgefordert, das Kind am 15. Mai dieses Jahres in dem unten aufgeführten Waisenhaus abzugeben. Die Geburtsurkunde ist mitzubringen. Dort wird es für die ersten drei Jahre seines Lebens in der Obhut erfahrener Dienerinnen des rechten Glaubens bleiben. Vorausgesetzt, der Lebenswandel der Mutter lässt es nach diesen drei Jahren verantworten, kann der leiblichen Mutter das Kind zur weiteren Erziehung zurückgegeben werden.

Margarethe schreit das erste Mal in ihrem Leben vor Verzweiflung auf. Das Kind erwacht davon und beginnt zu weinen. Margarethe fühlt, wie sich ihre Brüste anspannen, darauf wartend, von dem Kleinen entleert zu werden Sie nimmt das Kind aus dem Korb und presst es an ihre Brust, knöpft sich die Bluse auf, legt das Kind an, das daran sofort aus Leibeskräften trinkt. Margarethe kann vor Weinkrämpfen kaum noch Luft bekommen.

Der Überbringer der Nachricht blickt ratlos und höchst naiv um sich, wendet den Blick, um nicht die nackten Brüste einer Frau sehen zu müssen. Er darf nicht sofort verschwinden, denn

Margarethe hat den Empfang des Dokumentes noch zu bestätigen. Also wartet er geduldig, bis der Vorgang des Stillens beendet ist.

Das Kind trinkt sich satt, in aller Ruhe. Es macht nach einigen Spaziergängen durch das Zimmer seinen Rülps und wird müde. Jetzt sieht der Halb-Geistliche seine Chance, endlich von Margarethe die Unterschrift für den Erhalt des gerichtlichen Entscheides auf einem eigens dafür ausgestellten Formular zu verlangen. Margarethe nimmt das Schreibzeug aus der Hand des Mannes und setzt ihren Namenszug an die Stelle, die ihr der Finger des Mannes zeigt und sieht ihn nach kurzem Gruß verschwinden.

Alles, was Margarethe bis dahin erleiden musste, war ein Nichts gegen diese Forderung, ihr Kind in fremde Hände zu geben. Peitschenhiebe hätte sie als willkommene Zärtlichkeit gegenüber diesem Urteil empfunden. In ihr zerreißt etwas - der Wille zum Durchhalten, der Wille zum Hoffen. Aber tief in ihr entwickelt sich etwas Neues, dass sich ihr wie eine aufkeimende Stärke nähert. Eine Entscheidung beginnt zu reifen.

Margarethe hält das Schriftstück in den Händen, sieht das Kind in seinem Körbchen ruhig schlafen und der Boden schwindet unter ihren Füßen. Sie lässt sich zu Boden sinken und fällt in eine endlose schwarze Tiefe.

Nachdem diese Starre sich von ihr löst, entlädt sich ihr Schmerz in einem neuen Schrei der Verzweiflung, der dieses Mal so stumm nach innen gerichtet ist, dass kein Kind davon erwachen kann.

„Wo bist du, Gott? Wo seid ihr, ihr himmlischen Heerscharen, dass ihr solches zulassen könnt? Wie könnt ihr euren Namen hergeben für eine derartige Schande? Sieht denn niemand von euch, wie ich dieses Kind liebe, was es mir bedeutet und was es dem Vater bedeuten wird, wenn er es in die Arme schließen wird? Wenn ihr so mächtig seid, ruft doch den Vater, ruft Heinrich, und schickt ihn endlich zurück zu mir, dass wir gemeinsam kämpfen können gegen eure Übermacht!"

Nach einer Pause ergänzt sie voller Hass:

„Lügner seid Ihr - Alles ist nichts als Lüge!"

Sie neigt sich herunter zu dem Körbchen und drückt ihren Mund auf die Stirn des Kleinen. Die Liebe zu diesem winzigen Menschlein rast durch ihren Körper und lässt ihn zum Glühen bringen und sie fällt die Entscheidung in diesem Moment ihrer glühendsten Hingabe zu dem Kind und zu dessen Vater. Diese Entscheidung heißt: Nein! Nein, nein und nochmals nein! Dieses Kind wird sie nie hergeben. Wenn die Welt sich derart gegen sie verschworen hat, wenn alles, was ihr in ihrem bisherigen Leben von Liebe, von Achtung, von Verzeihen und vor allem von der ewigen Güte des allmächtigen Gottes geredet wurde, nicht zu mehr taugt, als zu diesem Verbrechen, einer Mutter ihr Kind zu nehmen, dann wird sie für sich handeln, dann wird sie verzichten auf alles, auf die Liebe zu dem Vater des Kindes und auf sich selbst. Das Kind wird sie dorthin mitnehmen, wo keine Macht einer Kirche oder eines Staates sie verfolgen kann.

Sie wird dieses Kind mit sich nehmen in den See, von dem Steg aus, auf dem sie die wenigen, aber glücklichsten Stunden ihres Lebens erleben durfte.

Sie hat diesen Plan gefasst und beginnt die Tage zu zählen, die ihnen beiden noch auf dieser Welt bleiben, die einmal so wunderschön und übervoll von den herrlichsten Zukünften war.

ABSCHIED VOM HIRTEN

Drei Tage bleiben ihr als Frist. Die einzige verbleibende Hoffnung ist Heinrich. Manches Mal war sie geneigt, wütend auf ihn zu werden aber im gleichen Atemzuge verzieh sie ihm und lenkte alle Schuld auf das Schicksal, das ihnen beiden nicht wohlgesonnen ist.

An den Hirten erinnert sie sich und spürt das Verlangen, diesem Menschen Lebewohl zu sagen und ihm das Kind zu zeigen, von dessen beginnendem Leben in ihrem Bauch er wusste. Sie möchte ihn bitten, ihrem Kind auf seiner Flöte ein Lied zu spielen, auch wenn es das einzige bleiben wird, das ihr Kind jemals wird hören dürfen.

Von Martha weiß sie, wo sie zu dieser Jahreszeit den Hirten finden kann. Östlich des Sees befinden sich die Stallungen, die als Winterquartier dienen. In einem dieser Ställe lebt auch der Hirt mit seinen beiden Hunden.

Noch am Tag nach der vernichtenden Mitteilung nimmt sie das Kind, packt es in eine Decke, informiert kurz Marthe, und wandert mit dem Bündel hinaus zum See und findet den Hirten in einem kleinen spartanisch eingerichteten Raum an einem Tisch sitzen und an einer seiner Flöten schnitzen.

Ein Strahlen überfliegt das runzelige Bartgesicht bei ihrem Anblick und mehr noch, als sie ihm den verträumt schlafenden Inhalt ihres Gepäcks vorführt. Und sie - sie beginnt bei dem Lächeln des Alten zu weinen. Die Tränen rinnen aus ihren Augen ebenso wie damals, als sie zum ersten Mal mit ihm zusammentraf und er das Wunder fertigbrachte, sie zurückzuholen in das Leben. Nein, dieses Mal wird ihm das nicht gelingen. Sie möchte nichts weiter, als die Nähe eines lieben Menschen spüren.

Dieser alte stumme Mann wird einer der drei Menschen auf dieser Welt sein, die um sie trauern werden. Er erhebt sich und unbeholfen versucht er, Margarete tröstend in den Arm zu nehmen. Sie schluchzt auf, löst sich aus der Umarmung, setzt sich auf den Schemel, auf dem soeben der Alte saß und schlägt mit ihrer Stirn mehrmals verzweifelt auf die Tischplatte. Der Alte stellt sich hinter sie und berührt ihre Schultern. Das Kind schläft ruhig.

Er ahnt die gesamte Wahrheit um dieses Mädchen. Er berührt vorsichtig ihr Haar, nimmt das Bündel mit dem Kind, öffnet die Decke und schaut mit feucht werdenden Augen das Kind an.
Margarethe hat sich beruhigt, stellt sich zu dem Kind, nimmt es und reicht es dem Hirten. Ängstlich hält er das Kleine in den Armen, neigt seinen Kopf herab und berührt die Stirn des Babys mit den Lippen. Dann reicht er Margarethe das Kind zurück. Sie legt das noch immer schlafende Kind zurück in die Decke.
Der Hirt legt einige große Holzscheite in die Glut des Kamins und nach kurzer Zeit es wird wohlig warm in dem kleinen Raum. Das Kind erwacht. Sie setzt sich auf den Schemel und gibt ihm die Brust.
Ein alter, einsamer und stummer Mann schaut zu, wie eine junge schöne Frau ihr Kind auf dem Arm hält und es an ihrer Brust trinken lässt. Der Hirt ist ein frommer Mann und muss an das vergangene Weihnachtsfest denken. Nun ist dieses Kind zu ihm gekommen, liegt vor seinen Augen im Arm der Mutter. Aus dem Mund des Alten sprudeln stammelnde Laute.
Er möchte Dank formulieren für dieses besondere Erlebnis. Mit Worten gelingt es ihm nicht. Er bedient sich seiner Sprache, setzt die Flöte an die Lippen und sein Atem gehorcht ihm nicht. Er sieht in das weinende Gesicht des Mädchens und auch ihm rollen Tränen in das stoppelige Weiß seines Bartes.

Ruhig legt Margarethe das Kind auf das vor dem Kamin liegende Schaffell, und kniet nieder vor dem Alten und legt ihren Kopf auf seinen Schoß. Er lässt seine Hände über ihr Haar gleiten. Seine Tränen rollen nicht mehr. Er führt das Instrument zum Munde und beginnt leise zu spielen. Von selbst kommen die Melodien von damals in ihn und er schickt sie in die Wärme des Zimmers, hin zu dem Sohn und hinein in die gequälte Seele des Mädchens, das zu ihm kam, um ihm für immer Lebewohl zu sagen.

Margarethe wünscht sich wie damals bei Heinrich, die Zeit möge stehenbleiben und sie ewig hier im Schoße eines alten gütigen Hirten liegen lassen, Wärme spüren, Töne einer Flöte hören und das ruhige Atmen ihres Kindes sehen dürfen. Mehr brauchte sie nicht zum Glücklichsein.

Doch, dann sollte irgendwann der Vater ihres Kindes zurückkommen - die Seligkeit wäre das. Aber die Wirklichkeit holt sie auch hier ein. Sie muss zurück in die Stadt. Vor dem Abschied nimmt sie sich die goldene Kette mit dem kleinen Anhänger Heinrichs vom Hals und reicht sie dem Hirten mit der Bitte, dieses kleine Andenken bei sich aufzubewahren. Ohne Widerspruch nimmt er den Schmuck an sich und verstaut ihn in einem kleinen Säckchen, das ihm am Hals hängt. Er nimmt Margarethe, die bereits das eingewickelte Kind hochgenommen hat, in beide Arme und küsst sie auf die Stirn.

Am Abend dieses Tages begab es sich, dass ein einsamer, alter und stummer Hirt ein unglückliches und verzweifeltes Mädchen mit einem Baby auf dem Arm heiligsprach.

DAS TAGEBUCH

Spät kommt sie am Abend vom Hirten zurück. Das Kind schlief während des Heimweges und meldet sich erst durstig am frühen Morgen. Mit erstaunlicher Nüchternheit geht Margarethe an ihren Tagesablauf. Sie ordnet alles, was ihr wichtig ist, schreibt einen Abschiedsbrief an Martha und stellt ihr frei, die Pension zu übernehmen oder mit ihr zu machen, was ihr einfällt. Alles, was sie besitzt, soll ihr gehören. Sie unterschreibt mit vollständigem Namenszug und Datum. Erst nach dem Überlesen des Textes stellt sie fest, ein Testament geschrieben zu haben.

Sie nimmt das Tagebuch, das mehr als zur Hälfte mit ihren Eintragungen gefüllt ist und möchte auch hier Abschied nehmen. Ohne mit Tränen kämpfen zu müssen, schreibt sie sachlich über alles, was ihr vor und nach der Geburt des Kindes widerfahren ist und begründet ihren Entschluss, ihrem Leben und dem ihres Sohnes morgen, am 15. Mai ein Ende zu setzen. Die Geburtsurkunde des Kindes und die Nachricht des Jugendamtes legt sie auf die beschriebene Seite. Den Text ihres Testamentes schreibt sie, ohne recht zu wissen, warum, auf die nächste freie Seite des Buches.

Sie schließt das Tagebuch und überlegt, was sie mit diesem schweren Buch machen soll. Sie entscheidet, das Buch dem Hirten zu bringen. Auf einen Zettel schreibt sie den Code zum Öffnen des Buches und neben den Abschiedsbrief an Martha legt sie noch ein Blatt, auf dem sie Martha bittet, sollte Heinrich bei ihr vorsprechen, diesem zu sagen, dass er zu dem Hirten gehen möge. Sie versucht, so herzlich wie nur möglich ihren Dank für alles, was Martha für sie getan hat, zu formulieren und schließt mit einem Lebewohl, deine Margarethe.

Am Nachmittag bringt sie Martha das Baby mit der Bitte, ihren Sohn für ein oder zwei Stunden zu beaufsichtigen. Sie hat ihn

soeben gestillt und er wird bestimmt schlafen bis sie zurück-
kommt. Margarethe hat Martha den Erhalt des Bescheides ver-
schwiegen. Jetzt braucht sie keine Ratschläge oder Diskussionen
mehr und weiteren Kummer möchte sie Martha ersparen. Sie läuft
zurück in die Pension, wickelt das Tagebuch in ein Tuch und wan-
dert damit zur Hütte des Hirten. Sie trifft ihn nicht an, denn er ist
noch in den Stallungen bei den Schafen.

Die Tür ist unverschlossen. Sie tritt ein und legt das eingewickelte
Buch auf den Tisch, an dem sie gestern gesessen hat. Es ist gut,
dass er abwesend ist. So kommt sie in keinerlei Erklärungsnot und
der Hirt ist klug und umsichtig genug, das Buch geduldig für un-
bestimmte Zeit zu hüten. Sie läuft zurück, holt den Kleinen von
Martha ab und legt sich zu Bett. So ruhig ist sie lange nicht mehr
beim Einschlafen gewesen.

Der Hirt, als er seine Klause betritt und das Bündel auf dem Tisch
sieht, deutet es so, wie Margarethe es voraussah. Ohne jede Neu-
gierde nimmt er das Buch, legt den Schmuck des Mädchens dazu
und schiebt alles auf den schmalen Schrank, in dem er seine we-
nigen Reichtümer verwahrt.

DIE TAT

Sie lässt sich nach dem Abschied von dem Hirten von einer inneren Stimme leiten, die keine Töne, keine Sprache, keine Worte hat, aber Margarethe schöpft aus dieser Stimme Kraft und Entschlossenheit zur Tat.

Sie sieht das Baby und ihr Herz weitet sich, sie sieht das Lächeln des Kindermundes und lächelt zurück, sie tröstet das Kleine im Weinen und gesteht ihm, dass es sehr bald nichts mehr geben wird, weswegen man weinen muss. Sie erzählt dem winzigen Menschlein, dass sie beide eine große Reise antreten werden mit nur einem Ziel, fort von dem Elend, weit fort von der verlogenen Welt.

Sie erzählt ihm von seinem Vater, von den Stellen, an denen sie mit ihm die schönsten Stunden ihres Lebens verbrachte, erzählt, wie sie Ewigkeiten im Gras lagen, miteinander über ihr Leben in der Zukunft sprachen und auch darüber, wie sich ihr Denken, ihr gesamtes Ich so völlig verändert hat. Sie singt ihm Lieder vor aus dem großen Requiem, das sie damals mit dem Geliebten hören durfte.

Sie spricht nicht vom See und dem Steg. Diesen Ort spart sie aus, denn zu diesem Ort wird ihr letzter Weg gehen - zusammen mit dir, mein kleiner Engel. Wir werden uns retten vor den Menschen und deren unbarmherzigem Gott. Und sie bittet ihren Sohn um Vergebung.

Martha sitzt in ihrem Zimmer und grübelt. Sie hielt sich in den vergangenen Tagen diskret zurück und beobachtete Margarethe aus einer gewissen Entfernung. Margarethes Verhalten war anders als gewohnt. Sie wehrt sich gegen das Eingeständnis, die Wahrheit um die Entscheidung Margarethes zu ahnen. Ihr

Wehren ist begründet durch ihr Unvermögen, auch nur die geringste Alternative zu finden, mit der sie die Freundin retten kann. Sie kann nicht wissen, dass bereits die Entscheidung unwiderruflich gefällt wurde.

Es ist später Nachmittag. Margarethe legt dem Kind neue Windeln an, gibt ihm ein letztes Mal die Brust, trägt es im Zimmer auf und ab, legt sich den Umhang um die Schultern, nimmt das winzige Häufchen Leben aus dem Korb, wickelt es in eine warme Decke, geht mit ihm aus dem Haus und wandert in Richtung Wald. Ihr Inneres ist erstaunlich ruhig.

Sie wandert durch den nahegelegenen Wald zum See. Sie tritt auf den Steg, legt das Kind ab, legt den Umhang sorgfältig gefaltet auf den Steg, wickelt das noch immer schlafende Kind aus der wärmenden Decke und nimmt es hoch. Bei dieser Bewegung wacht es auf und beginnt zu greinen. Mit größtem Selbstverständnis knöpft sie sich die Bluse auf und legt das Kind nochmals an eine ihrer prall gefüllten Brüste. Sofort beruhigt sich das Kind und Margarethe umarmt es so fest es nur geht.

In der Ferne am klaren Himmel verfolgt sie einen Zug von Vögeln. Wie frei sind diese Vögel In ihrem Flug. Zurück geht ihr Blick zu dem Kind.

Ein warmer Wind umfasst sie und die riesengroßen schwarzen Flügel eines Vogels, der nur einer Sage oder einer Göttlichkeit entstammen kann, schweben über ihr. Aus den Federn dieses Vogels ragt sein langer zartgelber Schnabel hervor, der sich öffnet, um die Worte zu formen, die Margarethe schon lange in sich spürt. Die Augen des Vogels schauen sie an. Sie leuchten im Glanz ihrer Feuchte. Zwei große Menschenaugen sind es, mit einer Tiefe, die Paradiese erahnen lassen. Margarethe hört die Worte:

„Komm!"

Sie hört diese Worte in sich nachhallen, die so liebevoll klingen, als wären sie von Heinrich gesprochen. Sie drückt das Kind fest an sich und das Gleichgewicht entgleitet ihr. Für einen kurzen Moment erzittert sie unter der Kälte des über ihr zusammenschlagenden Wassers, drückt das Kind noch fester an sich und verschwindet von dieser Welt.

DER HIRT

Welches Entsetzen, als sich Margarethe wiederfindet auf einem harten Untergrund liegend, völlig durchnässt. Ihr eigenes Zittern, das vor Kälte ihre Zähne aufeinanderschlagen lässt, hat sie zurückgeholt in das Leben aus einer todesnahen Ohnmacht.

Ein Männerkopf mit weißem Bart schwebt über ihr, aus dessen Haaren Wasser auf sie tropft. Starke Arme hantieren an ihr herum, ziehen ihr die nasse Kleidung vom Körper und hüllen sie ein in eine wärmende Decke. Ihr Körper fühlt die beginnende Wärme und der Kopf über ihr verschwindet. Ohnmacht überfällt sie.

Sie schlägt die Augen auf und sieht in ein bekanntes Männergesicht. Dieses Männergesicht lächelt, aber alles in ihm zittert vor Erregung und Kälte. Sie nimmt dieses Lächeln wahr und fühlt Erleichterung. Sie kommt langsam zurück in das Leben, erkennt den Hirten und wie ein Donnerschlag kommt ein Schrei aus ihr:

„Das Kind!"

Das erste Wort im neuen Leben - Das Kind!

Es war der Hirt, der seine Schafe in die Nähe des Sees geführt und gehört hat, dass etwas Schweres ins Wasser gefallen war. Er war zum Steg gelaufen, sah die ihm bekannte Decke und den Umhang Margarethes darauf liegen, schaute in das Wasser und sah Margarethe dort unter der Oberfläche. Ihm war sofort klar, was geschehen war und sprang zu ihr in das brusttiefe Wasser und zog sie durch das Schilf an das Ufer und anschließend auf den trockenen Steg.

Als er sie vor sich liegen sah, bereute er, was er getan hatte. Er sah die Wolldecke, in die sie das Kind gewickelt hatte, als sie ihn vorgestern besuchte und sprang auf, das Kind im Wasser zu suchen - vergeblich.

Er zittert, aber nicht vor Kälte. Wie soll die Mutter weiterleben in dem Wissen, ihr Kind getötet zu haben. Er kniet nieder zu Margarethe, die ihn anschaut mit starrem Blick. Wie leer sind diese Augen, die doch sonst so herrlich leuchten konnten. Er beugt sich über sie und bittet sie in seiner Sprache um Vergebung. Er hätte sie nicht retten dürfen - hätte sie mit ihrem Sohn gehen lassen sollen. Nun wird sie leiden müssen, mehr als je zuvor, und er trägt die Schuld daran. Hilflos ist er und ebenso hilflos hilft er. Er <u>reibt</u> sie trocken, wickelt sie in die Decke ein. Sie lässt alles willig mit sich geschehen, unfähig, einen Gedanken zu fassen. Er nimmt sie auf die Arme und trägt sie in Richtung Wald zu der Wiese, auf der die Schafe dicht gedrängt weiden. Mitten hinein in die Herde legt er Margarethe, denn dort ist es wärmer zwischen den Körpern der Tiere. Er selbst läuft in die Stadt, um Hilfe zu holen.

Nach den ersten Schritten hat er erneut ihren Schrei im Ohr „Das Kind", alles um ihn wiederholt diesen Schrei und er, dieses Wortes nicht mächtig, hält im Laufen inne und stößt das Wort „Kind" in seiner Sprache aus. Die Bäume des Waldes erzittern bei diesem Laut.

Er läuft zurück zum See, kommt außer Atem an und versucht nochmals, das Kind ausfindig zu machen. Er kann nichts sehen. Er watet wieder in das eiskalte Wasser und sucht. Er zittert am ganzen Körper - und muss aufgeben.

Er läuft zu Margarethe, die unverändert in völliger Apathie unter der Decke liegt und ihn anstarrt.

Noch einmal stößt er das Wort „Kind" aus. Margarethe versteht und presst die Augen zusammen und versinkt mit den gehauchten Worten:

„Ich habe es getötet!" in erneue Ohnmacht.

Es durchzuckt ihn ein Wahnsinnsgedanke, der ihm zuflüstert: „Nimm das Mädchen und bringe es zu dem Kind."

Nein, nein - schreit es in ihm. Er kann das Mädchen nicht zurück in das Wasser werfen. Er kann nicht einen Menschen töten, auch nicht unter diesen besonderen Umständen.

Er wendet sich ab, zieht sich die nassen, kalten Sachen vom Körper, hängt sich seinen noch auf dem Steg liegenden dicken Wintermantel über und geht den Weg in Richtung Stadt. Seine Schritte sind langsamer geworden.

Er wird Hilfe holen, aber diese Hilfe gilt mehr ihm selbst als dem Mädchen. Man wird sie vor Gericht stellen, aburteilen und ihr Leben endgültig zerstören - auf ewige Zeit in einem Gefängnis.

In der Stadt angekommen wird er von Martha gesehen. Noch nie war der Hirt am Tage in der Stadt. Sie schaut ihn genauer an und sieht sein nasses Haar, sieht seine Erregung, seine hektischen Bewegungen und ihr offenbart sich blitzartig das gesamte Geschehen am See. Sie folgt dem Hirten zum See, zur Schafherde und sieht die in der Decke des Babys eingehüllte Margarethe liegen, beugt sich zu ihr herunter und bedeckt sie mit ihrem Körper, von einem natürlichen Instinkt getrieben, ihre eigene Körperwärme übergehen zu lassen in die Frierende.

Sehr lange dauert es, bis Menschen am See eintreffen und das tun, was in solchen Fällen üblich ist. Die einen, deren Beruf es ist, Tatbestände festzustellen, verrichten mit Akribie ihre Arbeit, die anderen Hinzugelaufenen gaffen und diskutieren und staunen die auf dem Waldboden liegende Zitternde an, nicht begreifen könnend, dass sie selbst es waren, die das Mädchen Margarethe in den Freitod getrieben haben. Noch mehr Blicke richten sich auf die Leiche des Babys, die man inzwischen aus dem See gefischt hat. Oh, wie furchtbar, wie entsetzlich das alles ist, wie kann man nur zu solch einer grausamen Tat fähig sein, welche Schande für die ganze Stadt, die früher so anständige Margarethe ist zur Mörderin geworden, ja, was es alles so gibt, usw. usw. - wo hat Menschendummheit ihre Grenzen?

Der Hirt geht noch einmal zum Steg und wird nicht fertig darüber, dass ein so junger Mensch Selbstmord begehen kann. Wie muss sie gelitten haben? Wie verzweifelt muss sie gewesen sein? - und er hat nichts davon erkannt. Er fühlt sich so winzig klein gegenüber dem Mädchen, möchte ihr für das Vertrauen, das sie ihm schenkte, danken, möchte sich entschuldigen bei ihr. In der großen Tasche seines Mantels erfühlt er die große Flöte. Er nimmt die Flöte an den Mund und spielt Melodien, die nur er und sie kennen. In dieser Musik gesteht er diesem Mädchen seine große Zuneigung, seine Ergebenheit, seine Schuld. Das Absurde geschieht, dass in einem Wald, an einem See, am Tatort eines Mordes und versuchten Selbstmordes Melodien aus einem Requiem erklingen.

Margarethe hört die Flötenklänge, weiß die zugehörigen Worte, aber weder Musik noch Worte dringen ein in ihr Bewusstsein, denn in ihr hat sich eine Tür zugeschlagen, die alles, was von außen auf sie einwirkt, abweist. Aber sie deutet das Flötenspiel so wie es gemeint ist und versucht trotz ihrer Apathie den alten Mann zu verstehen.

Martha bleibt dicht bei Margarethe, bis sie abtransportiert wird in den Gewahrsam der Polizeistation. Starr vor Entsetzen geht Martha zurück.

Margarethe lässt mit sich widerstandslos geschehen, was zu geschehen hat. Alles geht wie von selbst weiter. Sie wird nach längerer Fahrt in einem Raum auf ein Bett gelegt. Sie wird abgerieben, man deckt sie mit einer warmen Decke zu. Sie spürt die in ihr aufsteigende Wärme. Die Kleidungsstücke, die sie trug, hängt man zum Trocknen auf. Man kümmert sich um sie. Sie jedoch will und kann an nichts anderes denken als - Das Kind.... mein Kind!

Irgendwann schläft sie ein, irgendwann erwacht sie wieder. Man befiehlt ihr, zu essen und sie isst. Man befiehlt ihr zu trinken und sie trinkt. Man befiehlt - sie gehorcht. Man fragt - sie antwortet. Sie selbst ist nicht dort, wo man fragt und befiehlt. Sie ist immer dort im See bei ihrem Kind und es dauert lange, bis sie zu klaren Gedanken fähig ist.

Es vergehen Tage des Wechsels zwischen apathischem Wachen und wüsten Träumen, von Durst und Hunger und Tränen. Sie bemerkt das vergitterte Fenster, das Metallbett, dass sie ihre Toilette im Raum verrichten muss.

Die Tür wird jedes Mal verschlossen, nachdem eine Frau ihr wortlos einen Napf mit Essen bringt, das sie widerwillig mit einem Löffel isst. Sie befindet sich in einem Gefängnis. Unter dieser Erkenntnis holt sie nach und nach die Vergangenheit ein.

Sie hat ihr Kind getötet. Sie hat der Hirt wieder herausgezogen, aber das Kind war ertrunken. Nun wird man sie des Mordes beschuldigen und verurteilen. Zu ihrer Verteidigung hat sie nichts zu sagen. Es ist rechtens, was man mit ihr vorhat, denn sie hat gesündigt - ja, sie hat ihr eigenes Kind getötet. Warum sie dies tat, ist für keinen ihrer Richter eines Gedankens wert. Sie hat! Und das ist Grund genug, sie als Mörderin zu behandeln und zu richten. Sie wird von Tag zu Tag klarer in ihren Gedanken und sieht das Unvermeidbare auf sich zukommen, findet sich damit ab und hofft, dass die Zeit bis zum zweiten Sterben nicht zu lange dauern wird. Es ist die Sehnsucht nach ihrem Kind, die sie ruhig auf den endgültigen Abschluss ihres Lebens warten lässt. Sie will dem Kinde folgen, wenn man sie schon nicht zusammen sterben ließ, und das so schnell wie möglich.

DAS URTEIL

Es kommt eines Tages zur Verhandlung, zu der sie in Handschellen vorgeführt wird. Sie sitzt desinteressiert auf der Anklagebank und lässt die hohen, makaber aufgeputzten Herren reden, ohne den Sinn ihrer Vorwürfe und Anschuldigungen verstehen zu wollen. Sie weiß, was passieren wird, wozu dann noch die vielen Worte. Sie vernimmt irgendwann das Wort „Lebenslänglich". Sie hört das Urteil und nimmt es ebenso gleichgültig auf wie das vorhergehende Gerede und wird wieder hinausgeführt aus dem prunkvollen Saal.

Sie wird zurückgebracht in die Gefängniszelle. Die Handschellen nimmt man ihr ab, sagt aber kein Wort darüber, wie es weitergeht. Viel wichtiger für Margarethe ist, dass langsam in ihre Gedanken Heinrich zurückkommt. Sie hat ihn in den letzten Wochen nur aus weiter Ferne wahrgenommen. Jetzt ist er wieder in all ihren Gedanken und sie lehnt sich an ihn, sie lässt sich von ihm berühren - lieben. Kein vorwurfsvolles Wort sagt sie ihm, nur verzeihen möchte er ihr, wenn er die Wahrheit um seine einstige Geliebte und Mutter seines Kindes erfahren wird. Wie schön waren die Hoffnungen, die Wünsche, die Ziele von damals. Wie herrlich waren die Träume von einer Zukunft in trauter Gemeinsamkeit für immer und ewig.

Sie redet zu ihm. Sie bittet ihn, nur ein wenig um sie zu trauern, um bald ein neues Leben zu beginnen. Ihr Leben war kurz - zu kurz. Aber Du, Geliebter, hast mein Leben reich gemacht in den wenigen Wochen unseres Glückes. Ich durfte so viel Liebe erfahren wie viele andere ein langes Leben nicht. Ich danke Dir, Du zärtlich Liebender.

Unsere Träume! Was ist aus diesen Träumen geworden?

Wie liebt sie diesen Mann noch immer, nein, mehr, immer mehr, immer mehr liebt sie diesen Mann und so gänzlich sicher ist sie sich seiner Liebe. Menschen, böse und unverständige Menschen haben ihre Liebe zu ersticken versucht und sie dahin gezwungen, wo sie jetzt ist. Und er, der noch immer nichts weiß von all dem Elend, in das sie geriet - wie wird es ihn treffen, wenn er davon erfahren muss. Sie wünscht sich, dass er es nie erfahren soll. Sterben möchte sie in aller Stille - fortgehen zu ihrem und Heinrichs Kind.

GEWALT

An dem Licht, das durch das vergitterte Fernster fällt, erkennt sie, dass es früher Abend ist. Sie könnte sich den Holzschemel unter das Fenster ziehen, um etwas mehr vom Himmel und von der Umgebung des Gefängnisses zu sehen, aber sie hat kein Bedürfnis.

Sie hört Geräusche an der Tür, die sich leiser als sonst öffnet. Ein vernachlässigter und ungepflegter Mann betritt ihre Zelle, bekleidet mit Arbeitsanzug und Mütze. Er schließ die Tür von innen und wirft eine Tasche auf den Boden, beginnt, sich auszuziehen und sieht dabei brutal grinsend auf Margarethe. Er ist nackt. Margarethe ist zu keinem Laut fähig und drückt sich auf die hinterste Ecke der Pritsche - ihr Nachtlager.

Der Mann packt sie mit hartem Griff am Arm und zwingt sie auf den Rücken, reißt ihr dabei die wenigen Kleidungsstücke vom Leib und wirft sich auf sie. Margarethe erzittert unter dem Gewicht, das stöhnend auf ihr liegt. Einen beißenden Schmerz spürt sie, als sein hartes Glied in sie hineinstößt. Sie möchte schreien, bringt aber keinen Laut heraus. Wehrlos muss sie die Vergewaltigung erdulden und sich den keuchenden stinkenden Atem dieses Tieres ins Gesicht blasen lassen.

Nachdem dieser Mensch ruhiger werdend seine Lust ausklingen lässt und sich, auf ihrer Brust abstützend, schwerfällig hochwindet, spürt sie die feuchte Kälte an den Oberschenkeln und in ihrem Gesicht, denn sein Speichel war auf sie geflossen.

Sie sieht zu, wie der Mann sich hastig ankleidet, sie von der Seite aus betrachtet, zufrieden etwas Unverständliches vor sich hinmurmelt und die Tür von außen verschließt. Sie hört, wie er vor sich hin hustend, den Gang fortschlurft.

Sie ist allein, richtet sich mühsam wieder auf, bemerkt, dass sie fast völlig entkleidet ist. Sie spürt Schmerzen im Unterleib. Ihr wird übel. Sie erbricht. Sie schmeckt den säuerlich üblen Geschmack im Munde. Sie ekelt sich vor sich selbst und ersehnt ein Ende aller Qualen.

Lange steht sie so und spürt nichts als die Kälte. Ihr Blick fällt auf die Tasche, die der Mann in seiner Lüsternheit vergessen hat. Sie öffnet die Tasche und es fällt ein krummes Messer heraus. Sie kennt diese Art Messer von Martha. Man schneidet damit Rosen. In ein Tuch gewickelt entdeckt sie eine Rolle mit dickem Bindfaden. Auch diese Art Faden kennt sie von Martha. Sofort weiß sie, was sie zu tun hat und rollt ein paar Meter des Bindfadens ab, steigt in Fensternähe auf den Schemel und beginnt, die Länge des Bindfadens zu messen. Prüft die Festigkeit des Gitters, auch die des Fadens. Sie kann ein Seil binden, das sich aus vielen Fäden zusammensetzt. Es dauert mehrere Minuten, bis sie sicher sein kann, dass sich die Schlinge um ihren Hals zuziehen wird und sie endgültig ihrem Leben ein Ende setzen darf.

Den Schrei, den die Wärterin ausstößt, als sie am Abend den Napf mit dem Essen in die Zelle bringt, hört Margarethe nicht mehr. Die Tote wird abtransportiert und zur Bestattung freigegeben. Viel Formalitäten sind von der Gefängnisleitung nicht zu erledigen. Nur der Mann, der sie vergewaltigt hat und Margarethe zum ersehnten Selbstmord verholfen hat, muss Angst vor Bestrafung haben, denn man wird feststellen, dass er seine Tasche in der Zelle vergaß.

Der Gefängnisleiter konsultiert den Priester, der sich jedoch für eine derart Gefallene nicht zuständig fühlt und jede Teilnahme an der Beerdigung verweigert. Auf dem Friedhof ist kein Platz für eine vom rechten Glauben Abgefallene, Geächtete und Selbstmörderin.

Am nächsten Tag wird sie außerhalb der Friedhofsmauer am frühen Morgen ohne Sarg und ohne jede Zeremonie beerdigt.

Martha, von der man im Gefängnis weiß, dass sie der Margarethe nahesteht, wurde noch am Abend informiert. Sie ist die einzige, die von weitem zuschaut, wie ihre einzige und beste Freundin wie ein verrecktes Kaninchen vergraben wird.

HEINRICH

Heinrich ist von der Expedition zurückgekehrt und findet in seiner Wohnung den Brief vor, den Martha vor vielen Wochen geschrieben hat.

Er wird Vater, nein, er ist Vater geworden, ohne davon zu wissen. Was war nur der Grund für das ewige Schweigen Margarethes? Warum hat er niemals Antwort auf seine verzweifelten Briefe erhalten? Angst erfüllt ihn. Er lässt alles stehen und liegen und fährt in die Stadt zur Geliebten. Während der Fahrt spielt er alle Varianten durch, nur auf die, die ihn erwarten wird, kommt er nicht.

Er läuft sofort zum Haus Margarethes und findet die Tür und alle Fenster fest verschlossen. Also läuft er in hektischer Eile hinüber zu Martha. Auch hier findet er nur verschlossene Türen. Er schaut in den Garten und stellt fest, dass dieser recht verwildert aussieht.

Er kommt außer Atem in der Pension an und entdeckt endlich eine offene Tür. Drin sieht er Martha am Herd stehen. Ihm fällt sofort ihre schwarze Kleidung auf. Sie dreht sich um und beide stehen sich für Sekunden wortlos gegenüber. In ihm rasen die Ahnungen und Ängste und lassen seine Knie weich werden.

Seine Stimme bricht bei seinen Worten:

„Sagen Sie, dass das nicht wahr ist!"

Sie antwortet nicht und setzt sich auf einen Stuhl. Er deutet ihr Schweigen richtig. Seine Beine werden weich und er lässt sich auf einen Stuhl fallen. Er ist zu keiner Regung fähig. Martha kann nicht sprechen. Sie legt den Kopf auf ihre Arme - auf den Tisch. Heinrichs Kräfte kommen zurück und er springt auf und muss ins Freie, um wieder Luft atmen zu können. Draußen sinkt er auf die Gartenbank. Unbeschreibliche Leere ist in ihm. Nach Minuten des Sammelns kommt Martha aus dem Haus und setzt sich zu ihm.

Heinrich stammelt:

„Es ist meine Schuld - alles ist meine Schuld!"

Wieder entsteht eine Pause.

„Und das Kind?"

Martha sieht ihn an und schüttelt langsam den Kopf. Er hält sich seinen Kopf mit beiden Händen und stammelt:

„Nein, nein!"

Martha:

„Nein! Schuld - ist ein anderer Mensch".

Nach einer Pause ergänzt sie:

„Sie kennen diesen Menschen".

Ahnung überkommt ihn und er fragt:

„Die Mutter?"

Marthe nickt zustimmend.

Daraufhin nimmt er die Hand Marthas, drückt sie fest mit Tränen in den Augen und verlässt sie wortlos. Er fühlt sich zu schwach, nach all dem, was er wissen müsste, zu fragen. Er geht und fährt wie ein Geistesabwesender zurück in die Stadt, in seine Wohnung, nimmt ein starkes Schlafmittel und schläft.

EPILOG

Ein Jahr später.

Nachdem in die Stadt der Alltag zurückkehrt und die Affäre um Margarethe in die Vergangenheit verdrängt ist, spielt sich im Hause Marthas und in der Hütte des Hirten ein Nachspiel ab.

Damals, vor einem Jahr, war Heinrich in einer Verfassung von Martha abgereist, die einem geistig Verwirrten gleichzusetzen ist. Tagelang brachte er kein Wort über die Lippen. Selbst bei seinen Kollegen, mit denen er zusammen auf der großen Exkursion war und mit denen er teilweise sehr freundschaftliche Beziehungen aufgebaut hatte, war er zu keinem Gespräch in der Lage. Man nahm Rücksicht, nachdem man das Allernotwenigste von ihm erfahren hatte, wurde aber mit der Zeit ungeduldig und versuchte, ihm klarzumachen, dass selbst schwerste Schicksalsschläge irgendwann überwunden werden können. Nach einigen Wochen begann er sich zu fangen. Er hatte bei den Verantwortlichen und Geldgebern der Afrikaexpedition um Aufschub für die Auswertungen gebeten - aus rein persönlichen Gründen. Man gewährte sie ihm, aber nicht unbegrenzt. Man war auch auf ihn angewiesen, denn er hatte in Afrika Karriere gemacht und war recht schnell zum Stellvertreter des Expeditionsleiters aufgestiegen und hatte sehr viele Aufgaben in Eigenregie zu erledigen.

Nach einem Vierteljahr war er wieder im Beruf voll einsatzfähig, lebte aber einsam für sich, empfing selten Besuch, nahm nur an Pflichtveranstaltungen teil. Margarethe war in seinen Gedanken allgegenwärtig und nach wie vor sein Lebensinhalt. Alles, was er von Afrika aus zu organisieren begonnen hatte, musste er rückgängig machen. Er hatte ein kleines Einfamilienhaus angemietet und musste, nachdem er versäumt hatte, den Mietvertrag aufzuheben, eine große Mietzahlung leisten. Glücklicherweise hatte er sich nicht um Möbel kümmern können. Das wollte er gemeinsam mit Margarethe machen. Er dachte, dass sie schnell heiraten würden und bald eine Familie gründen könnten.

Irgendwann im Winter reifte der Entschluss, in die Heimatstadt Margarethes zu fahren, um die Stellen des gemeinsamen Glückes noch einmal aufzusuchen. Auch verlangte es ihn nach Kennenlernen der Umstände, unter denen Margarethe und sein Kind starb. Er fühlte sich stark genug, mit dem schönsten seiner Lebensabschnitte abzuschließen. Er wünschte sich, um die große Liebe - um die größte Liebe seines Lebens - einen Rahmen zu bauen, der es ihm leichter macht, zurück in diese wunderbare Zeit mit der Geliebten zu sehen.

Bestimmt wird er die Freundin Martha antreffen und sie ausfragen können über die Umstände, die zu diesem entsetzlichen Ende führten.

So kommt es, dass er in den ersten Tagen des März wieder auf dem großen Marktplatz steht, einen Blick in die Kirche wagt und zurück auf dem Platz am Brunnen die Stelle findet, an der alles anfing mit den Worten: mein schönes Fräulein, darf ich … Es war so wunderschön. Ihre Reaktion darauf, die Schnelligkeit, mit der sie sich vertraut machten und zu lieben begannen - bis hin zur intimsten Hingabe. Die Mutter Margarethes soll schuld an allem sein. Natürlich hat er damals auch diese Variante überlegt, hatte aber keinerlei Beweise. Hätte er geahnt, dass sie ihre Zukunft hintertreibt, hätte er Wege gefunden, das zu verhindern. Er macht sich seit einem Jahr die bittersten Vorwürfe. Er ist mitschuldig.

Heinrich wandert zum See, steht auf dem Steg, auf dem er ihr das Buch vom „Kleinen Prinzen" vorlas. Wie erstaunt war er von ihrer Fähigkeit, Geheimnisse zu erkennen, Verstecktes sichtbar zu machen mit tiefgründigen Erklärungen. Er bewunderte sie in allem - natürlich auch ihre Schönheit. Er entsinnt sich, einmal zu ihr gesagt zu haben - wie kann man nur so schön sein!

Er wandert über die Felder, durch den Wald und steht vor dem Haus Marthas.

Er sieht schräg gegenüber das Margarethes, das verändert aussieht. Es hat den Besitzer gewechselt.

Er klingelt vergebens an Marthas Tür und geht in den Garten. Er sieht sie auf der Bank sitzend, über ein Buch gebeugt. Er ruft leise:

„Hallo"

Sie schaut auf, erkennt ihn sofort und läuft ihm lächelnd entgegen. Er nimmt ihr gegenüber auf einem der Stühle Platz. Sie holt schnell die Kaffeekanne, die sie gerade übergebrüht hat, und zwei Tassen aus der Küche.

Sie beginnt das Gespräch:

„Ich freue mich, Sie wieder zu sehen. Ich ahne den Grund."

Bevor er antworten kann, spricht sie etwas aus, das Heinrich sehr wohltut:

„Können wir nicht Du zueinander sagen?"

„Aber natürlich, von Herzen gern - Martha."

„Schön, Heinrich. Du hast bestimmt sehr viele Fragen."

Heinrich fühlt sich in der Pflicht, Erklärungen abzugeben und entschuldigt sich für sein wortloses und geistesabwesendes Verschwinden im vorigen Jahr. Er war einfach unfähig, nach diesem Schock Worte zu finden. Er gesteht Martha, dass seine Trauer um Margarethe keineswegs geringer ist als damals, aber es ist eine gewisse Ruhe in ihn eingekehrt. Er fragt:

„Bitte erzähle von Margarethe. Wie ist sie gestorben? Was ist mit dem Kind geschehen? War es ein Junge oder ein Mädchen?"

Sie weiß nicht, wo sie anfangen soll, berichtet zuerst von den vergeblichen Bemühungen, mit ihm in Kontakt zu treten. Kein einziger Brief, keine Antwort auf die hilfeschreienden Briefe

Margarethes. Er fragt das Gleiche zurück und Martha erklärt ihm die Hinterhältigkeit der Mutter, wie sie listig und mit Erfolg ihre Liebe hintertrieben hat. Sie hat es derart konsequent eingefädelt, dass sie beide, Margarethe und sie selbst erst kurz vor dem Ende diesen Verdacht schöpften - doch die Mutter war schon Monate tot.

Er fragt mitunter dazwischen, aber sie erzählt ihm chronologisch die ganze bittere Geschichte. Mehrfach unterdrückt sie Tränen. Wenn sie sieht, dass auch er seine Tränen nicht unterdrücken kann, schweigt sie und lässt ihm Zeit. Es wird spät und auf Marthas Frage, wo er denn die Nacht verbringen wird, weiß er nichts zu antworten.

„Du kannst in der Pension wohnen. Ich führe sie auf Wunsch Margarethes weiter. Mir macht es Spaß. Auch deshalb, weil ich dort ihre Nähe fühlen kann. Was war sie für ein liebenswertes Geschöpf!"

Heinrich sagt gerne zu und bittet Martha, ihm die kleine Kammer zu überlassen, in der sie die herrlichsten Nächte verbracht haben. Sie stellt die Gegenfrage:

„Ausgerechnet in dieser winzigen Bude, die so spartanisch einge-richtet ist, die nicht beheizbar ist, willst du schlafen."

Er erklärt den Grund für sein Verlangen und darf die schmale Stiege hochsteigen. Sie klettert hinterher, um zu sehen, was feh-len könnte. Er legt sich auf das Bett und glaubt, den Duft von damals, Margarethes offene Haare auf seiner nackten Brust oder seine Hand auf der ihren zu spüren. Wie konnte das nur so schön sein, variiert er den schon zitierten Ausspruch.

Martha hat sich ebenfalls zur Ruhe gelegt und plötzlich fällt ihr ein, dass Margarethe sie auf einem Zettel, kurz bevor sie in den See ging, bat, Heinrich zu dem Hirten zu schicken, wenn er wie-derkommen sollte. Schade, dass sie nicht vor einem Jahr Heinrich das sagen konnte. Morgen früh wird sie ihm davon erzählen.

Lange sucht Heinrich vergeblich beruhigenden Schlaf. Margarethe erscheint in allen seinen Gedanken. Fast noch Kind war sie - wie eine zum Entfalten bereite Rosenknospe. Sie sog das Leben mit märchenhaft schöner Unschuld in sich ein. Er sieht sie wieder im Konzert, die Augen tränennass - welche Glückseligkeit. Alles an ihr war und bleibt für ihn „Wunder" - und Wunder müssen nicht immer verstanden werden. Was war das wahrhaft Besondere an diesem Mädchen? Es war mehr als Anmut, Schönheit, Hingabe und Reinheit.

Die langen Gespräche, die er mit ihr führte, die so einfachen aber klaren und wissenden Antworten, die sie gab, ihr ganzes Wesen, mit dem sie sich an ihn schmiegte, mit dem sie ihn ergänzte, führte und erhob, wie sie ihn spüren ließ, was Berührung zweier Menschen bedeuten kann, die Dankbarkeit, mit der sie ihm gegenüber trat und die sie ihm gleichermaßen aus seiner tiefster Seele entlockte, ohne dass er es spürte, sind ihm zur Offenbarung geworden. Er will einige Tage hierbleiben und alles erfahren, was bisher Rätsel geblieben ist.

Der nächste Morgen.
Sie treffen sich am Frühstückstisch und Martha reicht ihm das kleine Blatt Papier mit der Bemerkung Margarethes, Heinrich möge den Hirten aufsuchen. Martha kann nichts Konkretes dazu sagen.
Martha hat noch einiges in der Pension zu erledigen. Dann wandern sie in den Wald, umrunden den See und an einem Hang sehen sie die Schafherde. Heinrich hat an vieles, nein an alles, so konkrete Erinnerungen, aber an den Schafthirten, der die Flöte so virtuos spielte, hat er nie mehr gedacht. Dabei haben sie oft und lange seinen Liedern aus der Ferne gelauscht. Sie gehen weiter und die einsetzende Flöte lässt sie das Suchen leicht werden. Heinrich bleibt erstaunt stehen und hält Martha am Arm. Er hört

eine bekannte Melodie. Sie klingt so klar, so rein, aber auch so voller Trauer. In die Trauer mischt er fröhliche Trillerfiguren, bevor er zum Thema zurückkommt. Heinrich ist plötzlich geschockt. Er erkennt ein Thema aus dem Requiem, das Margarethe nach dem Kirchenkonzert oft summte. Was hat das zu bedeuten? Der Hirt hütet ein Geheimnis um Margarethe. Das wird beiden, Martha und Heinrich, nun klar. Sie hören noch eine Weile der Musik zu und gehen zu ihm. Die Hunde nehmen keine Notiz von den Fremden. Der Mann ist stumm - aber nicht taub. Heinrich lässt Martha erklären, weshalb sie zu ihm kommen. Statt einer Geste der Antwort greift er zur Flöte und zitiert ein anderes Thema aus dem Requiem. Diese Musik muss eine große Bedeutung für ihn erlangt haben. Er greift nach seiner Taschenuhr und zeigt auf die Stellung des kleinen Zeigers - 5.00 Uhr. Die Drei nicken sich zustimmend zu, verstanden zu haben.

Martha weiß, wo seine Hütte steht. Voller Spannung erwartet Heinrich den Aufbruch zum stummen Hirten. An der Hütte angekommen, bittet sie der alte Mann, unter dem Fenstere auf einem als Bank dienenden Holzbrett Platz zu nehmen und verschwindet in der Hütte, um nach wenigen Sekunden mit dem Tagebuch und dem kleinen Beutel, in dem sich der Schmuck Margarethes befindet, zurückzukommen. Schlagartig begreift Heinrich alle Zusammenhänge und ist selig, dass er die Fahrt hierher zu Martha gemacht hat. Vieles dürfte sich jetzt aufklären und er wird etwas in Händen halten dürfen, das unermesslichen Wert für ihn hat.

Heinrich gibt den Code zum Öffnen des Buches in das Schloss ein und der wunderbare Sesam offenbart seinen intimen Inhalt. Der Hirt tritt zu Heinrich und bedeutet ihm, dass dieses Buch jetzt sein Eigentum ist. Den Beutel, in dem er die Goldkette und die Ohrstecker aufbewahrt hat, gehören ebenfalls ihm.

Martha und Heinrich bleiben viel länger als geplant bei dem Hirten. Sie klären den alten Mann über die gesamte Geschichte auf, die sich zwischen dem verliebten Paar abspielte. Der Hirt versucht mit Hilfe vieler Gesten und Notizen die Umstände zu erklären, wie das Buch in seine Hände kam und wie er selbst wie vom Schicksal getrieben, in das Drama eingebunden wurde.

Es ist Nacht geworden und Martha stolpert am Arm Heinrichs über die Waldwege nach Hause - er mit dem großen Schatz unter dem Arm.

Heinrichs Nacht wird wie zu erwarten schlaflos. Er studiert das Tagebuch mehrmals durch, ist einerseits hochergriffen, andererseits außer sich vor Wut über die Personen, die er verantwortlich machen muss für die Tragödie. Er kommt erst am frühen Morgen zur Ruhe und erscheint in der Mittagszeit bei Martha, die gerade von Besorgungen zurückkommt. Sie essen gemeinsam die Mittagsmahlzeit und Martha fragt, ob sie nicht gemeinsam an die Friedhofsmauer gehen sollten, um das bescheidene „Grab" Margarethes zu besuchen.

„Vielleicht sollten wir das auf morgen verschieben. Ich kämpfe noch mit der schlaflosen Nacht und denke, dass heute ein Bummel durch die Stadt besser wäre."

Martha würde ihm gern Gesellschaft leisten, wenn er nicht unbedingt allein sein möchte. Er ist einverstanden. Es sollte zu einem Zwischenfall kommen, an den Martha, er und ein Dritter noch lange zurückdenken werden.

Auf dem Platz vor der Kirche in unmittelbarer Nähe zum Brunnen kommt ihnen der Priester entgegen. Martha grüßt ihn von weitem. Er erwidert den Gruß freundlich, aber nicht herzlich. Warum sollte er auch? In dem Moment, in dem der Priester an ihnen vorbei gehen will, bäumen sich in Heinrich alle aufgestauten Zornesausbrüche auf und explodieren förmlich. Heinrich baut sich in seiner vollen Größe vor dem kleinen Mann, der die Fünfzig schon lange überschritten hat, auf und spricht ihn erst ruhig, dann immer lauter werdend an.

„Sie haben das Leben der Frau zerstört, mit der ich zusammen alt werden wollte! Ihre Lügen haben Sie in den Selbstmord getrieben. Sie ekeln mich an mit ihrer Scheinheiligkeit. Vergebung predigen und brutale Gewalt ausüben - das ist euer Geschäft! Wie heißt es in euere Heiligen Schrift: Auge um Auge - Zahn um Zahn!"

Mit dem letzten Wort schlägt Heinrich seine rechte Hand dem Priester ins Gesicht. Die Ohrfeige lässt den überraschten Mann einige Schritte taumeln. Wäre nicht ein Passant gewesen, der den Fallenden aufgefangen hätte, wäre es womöglich zu folgenschweren Verletzungen gekommen. Der Passant fragt, ob er die Polizei rufen soll. Der Priester kriecht auf dem Boden herum und sucht seine Brille, deren Gläser aus der Fassung gesprungen sind. Er sagt mit fester Stimme:

„Nein keine Polizei. Wir regeln das unter uns!"

Heinrich setzt zu einem Tritt an, der das Hinterteil des Priesters treffen soll, doch Martha kann ihn gerade noch daran hindern. Heinrich ist noch immer nicht Herr seiner selbst, packt den Priester an den Revers seines Mantels, hebt ihn auf die Beine, schüttelt ihn, so dass der Haufen Unglück und Schande um Luft ringt.

Heinrich schreit ihn an:

„Wenn du nicht innerhalb eines Monates meiner Frau und unserem Sohn eine würdige Grabstelle innerhalb des Friedhofes errichtest, garantiere ich dir, dass du keinen ruhigen Tag mehr haben wirst und als zahnloser Krüppel vor deinem Erlöser um Gnade flehen wirst!"

Der zitternde Priester schwebt über dem Pflaster und wird von den starken Armen Heinrichs nach unten gestoßen, so dass er auf die Knie fällt und einen jämmerlichen Eindruck macht.

Aus der Höhe donnert eine Stimme zu ihm herab:

„Ich verlange einen Grabstein. Den Spruch dafür erhältst du noch! Die Umbettung versteht sich von selbst!"

Heinrich beugt sich nochmals zu dem Priester herab und sagt:
„Mach, dass du in deinem Beichtstuhl verschwindest und vergiss nicht, einen Spiegel mitzunehmen!"
Der Priester sagt kein Wort.

Einige, die die Szene von weitem verfolgt haben, kommen, um dem Priester zu helfen. Der kriecht auf dem Pflaster umher, sucht seine Brillengläser und möchte ohne fremde Hilfe möglichst schnell seiner Schande entfliehen.

Martha ist der Zwischenfall unangenehm und sie fragt, ob das nötig war. Er antwortet:

„Ja, ich fühle mich erleichtert und dem Kerl kann die saftige Ohrfeige nicht schaden - ob sie nützen wird, wage ich zu bezweifeln. Dieses Priesterpack hat doch Eisklumpen dort wo normale Menschen ihr Herz haben!"

Langsam beruhigt er sich und ist erstaunt, dass er fähig war, einen Menschen zu ohrfeigen und derart wüst zu beschimpfen. Noch nie ist seine Beherrschung mit ihm durchgegangen. Aber nein - er bereut es nicht. Zu Marthe sagt er nur:

„Lass es gut sein. Wir wollen nicht mehr darüber reden."

Am Abend sprechen sie von allgemeinen Dingen. Martha berichtet viel über sich, über Vergangenes und Zukünftiges. Sie erzählt von dem Vermächtnis Margarethes, das sie vor ihrem Selbstmordversuch ihr auf den Küchentisch legte. Heinrich hat die Abschrift des Testamentes in Margarethes Tagebuch gelesen.

Martha ist aufgrund dieses Schreibens Besitzerin des Hauses von Margarethe und der Pension geworden. Es war ihr sehr peinlich, Nutznießer des Leidens ihrer besten und einzigen Freundin zu werden. Das Haus hat sie vor drei Monaten verkaufen können. Den Erlös hat sie für die Renovierung der Pension verwendet, die jetzt sehr neu und freundlicher als je zuvor aussieht und mehr Gäste anlockt. Sie kann zufrieden sein.

„Übrigens habe ich ein Schild in Auftrag gegeben, das den Namen HAUS MARGARETHE trägt. So wird die Pension zukünftig heißen".

Am nächsten Tag lässt sich Heinrich von Martha an die Stadtmauer führen, die zugleich die Begrenzung des Friedhofes ist. Heinrich kauft einen riesigen Strauß dunkelroter, fast schwarzer Rosen und lässt sie nur lose zusammenbinden.

Sie laufen über den Friedhof der Stadt bis zur gegenüberliegenden Mauer und an dieser einige Meter entlang, bis Martha Heinrich bittet, stehenzubleiben und ihm erzählt, dass sich genau dort auf der anderen Seite der Mauer der Grabhügel Margarethes befindet. Sie gehen weiter zum Tor und treten in die weite Landschaft mit Wiesen, Feldern und Wäldern. Martha führt ihn zu einem kleinen grasbewachsenen Hügel, auf dem mehrere kleine Findlinge geschichtet sind. Diese Steine hat Martha auf den Feldern gesammelt und hierher getragen. Zwischen den Steinen liegt eine einzelne noch nicht gänzlich verwelkte Rose. Betroffen steht Heinrich vor dieser improvisierten Grabstätte und fällt instinktiv auf die Knie, nimmt die Rose und legt sie an eine andere Stelle und verteilt seinen Rosenstrauß zwischen den Steinen um die einzelne Rose herum. Worte werden nicht gewechselt. Die Szene mit dem Priester will ihm nicht aus dem Kopf gehen.

Es dauert lange, bis Heinrich aufsteht. Martha ist bereits einige Schritte zu der an der Mauer stehenden Bank gegangen und sitzt dort geduldig wartend. Heinrich legt sich halb auf den Grabhügel, halb auf die Ebene und ist mit geschlossenen Augen bei Margarethe.

Der Nachmittag geht in den Abend über. Martha sitzt noch immer auf der Bank. Heinrich erhebt sich und bittet Martha, mit ihm zurück in die Pension zu gehen.

Unterwegs sagt sie zu Heinrich:

„Ich musste vorhin die ganze Zeit an die Trauerfeier von Margarethes Mutter denken und mich packte wie damals das Entsetzen. Ich habe dich heute daran gehindert, dem Priester in das Gesäß zu treten und ich gestehe, dass mir der arme Kerl etwas leid tat, als du ihn über dem Pflaster schweben ließest und er nach Luft schnappte. Eine jämmerliche Gestalt hat er abgegeben.

Heinrich, mein Mitleid war unbegründet und falsch. Ich hätte ihn zusätzlich nicht nur in den Hintern treten sollen für die Unverschämtheiten, die er bei dieser Feierlichkeit Margarethe an den Kopf geschleudert hat. Es war grausam. Sein Thema war nicht die tote Mutter, sondern einzig und allein die Tochter. Die Kirche war vollbesetzt, auf den Gängen standen die Gaffer und blickten hämisch auf Margarethe. Sie saß neben mir und suchte Trost in meinen Armen aber war wie erstarrt und konnte nicht einmal Tränen vergießen. Am Ende der Veranstaltung wurden wir zurückgedrängt, denn wir sollten die Letzten sein, die die Kirche verlassen. So hatte das Volk, angeführt von dieser grässlichen Priesterkreatur, die Möglichkeit, sich zum Spalier aufzustellen und wir liefen Spießruten. Die Zurufe, die wir hören mussten, möchte ich nicht wiederholen. Wie können Menschen, fromme Christen, nur derart gehässig und grausam sein!"

Heinrich bleibt an diesem Abend sehr schweigsam und verschwindet bald in seiner Kammer.

Martha bittet am nächsten Tag, ihren Verpflichtungen nachgehen zu können und sagt ihm, dass er solange ihr Gast bleiben kann wie er möchte. Er erklärt ihr, dass er heute und vielleicht noch morgen ihre Gastfreundschaft in Anspruch nehmen möchte und dann aber zurück zu seiner Arbeit muss.

Vor seiner Abreise möchte er noch einmal den Hirten besuchen, um sich von ihm zu verabschieden. Er wandert zum See, in den Wald und kommt in großem Bogen in Richtung Stadt zurück, nicht wissend, dass er sich dem Friedhof nähert. Er biegt um einen

Vorsprung der Stadtmauer und sieht in einigen hundert Metern Entfernung den Grabhügel Margarethes, auf dem seine Rosen traurig in der Sonne verdursten. Etwas weiter in einer kleinen Talmulde, halb verdeckt von einer dichtbewachsenen Streuobstwiese sieht er Schafe. Wo Schafe sind, kann der Hirt nicht weit sein. Er geht am Grab vorüber und hört wieder die Flöte. Der Hirt sitzt unter einem großen Apfelbaum und bläst vor sich hin.

Heinrich will ihn nicht unterbrechen und setzt sich neben ihn in das weiche Gras.

Nach und nach gehen die Melodien in Themen des Requiems über. Damit synchronisieren sich ihre Gedanken und Worte erübrigen sich. Schweigend sitzt Heinrich im Gras und hört der nie verstummenden Flöte zu. Irgendwann erhebt er sich, umarmt den alten Mann zum Abschied und flüstert im ein „Danke" ins Ohr und schenkt ihm das Buch, das er damals auf dem Steg am See Margarethe vorlas. Heinrich ist erstaunt über die Reaktion des Hirten. Er lächelt ihn strahlend an, streicht mit einer zärtlichen Geste über den Titel und reicht Heinrich seine Hand zum Dank und Abschied.

Er geht er zurück, vorbei am Grab der Geliebten und trifft wieder in der Pension auf Martha.

Am nächsten Morgen wird er zurück in seine Heimatstadt fahren. Er schreibt Martha seine Adresse auf und bittet sie, sich nach acht Wochen zu melden, sollte etwas geschehen, das auch ihn angeht. Schließlich könnte es Nachspiele geben, was seine Drohungen dem Priester gegenüber betrifft. Die hat er in einem Briefumschlag konkretisiert und in der Kirche auf dem Altar sichtbar hinterlegt. Großzügig hat er die Frist um vier Wochen verlängert. Den Text des Briefes hat er kopiert und Martha gegeben.

„Hier ruhen meine geliebte Frau und unser Sohn, von priesterlicher Frömmigkeit in den Tod getrieben"

Der Abschied naht und Heinrich überreicht Martha als Abschiedsgeschenk die beiden Ohrstecker Margarethes. Martha will sie nicht annehmen, überlegt kurz und gibt ihm einen Ohrstecker zurück.

Sie gehen nach herzlicher Umarmung und dem Wissen, dass sie sich nicht das letzte Mal sahen, voneinander.

„FAUST"

Johann Wolfgang von Goethe

Ausschnitte aus
„Der Tragödie erster Teil"

„Gretchentragödie"

STRASSE

Faust. Margarethe vorüber gehend

Faust Mein schönes Fräulein, darf ich wagen,
     Meinen Arm und Geleit Ihr anzutragen?

Margarethe
     Bin weder Fräulein weder schön,
     Kann ungeleitet nach Hause gehn.

Sie macht sich los und ab.

Faust Beim Himmel, dieses Kind ist schön!
     So etwas hab` ich nie gesehn.
     Sie ist so sitt- und tugendreich,
     Und etwas schnippisch doch zugleich.
     Der Lippe Rot, der Wange Licht,
     Die Tage der Welt vergess ich`s nicht!
     Wie sie die Augen niederschlägt,
     Hat tief sich in mein Herz geprägt;
     Wie sie kurz angebunden war,
     Das ist nun zum Entzücken gar!

Mephistopheles tritt auf

Faust Hör, du musst mir die Dirne schaffen!

Mephistopheles
     Nun, welche?

Faust Sie ging just vorbei.

Mephistopheles
     Da die? Sie kam von ihrem Pfaffen,
     Der sprach sie aller Sünden frei.
     Ich schlich mich hart am Stuhl vorbei:
     Es ist ein gar unschuldig` Ding,
     Das eben für nichts zur Beichte ging;
     Über die hab` ich keine Gewalt!

Faust Ist über vierzehn Jahr doch alt.

Mephistopheles

Du sprichst ja wie Hans Liederlich:
Der begehrt jede liebe Blume für sich,
Und dunkelt ihm, es war` kein` Ehr`
Und Gunst, die nicht zu pflücken wär`;
Geht aber doch nicht immer an.

Faust Mein Herr Magister Lobesan,
Lass` er mich mit dem Gesetz in Frieden!
Und das sag ich ihm kurz und gut:
Wenn nicht das süße junge Blut
Heut Nacht in meinen Armen ruht,
So sind wir um Mitternacht geschieden.

Mephistopheles
Bedenkt, was gehen und stehen mag!
Ich brauche wenigstens vierzehn Tag`,
Nur die Gelegenheit auszuspüren.

Faust Hätt` ich nur sieben Stunden Ruh`,
Brauchte den Teufel nicht dazu,
So ein Geschöpfchen zu verführen.

Mephistopheles
Ihr sprecht schon fast wie ein Franzos;
Doch bitt` ich, lasst`s euch nicht verdrießen:
Was hilft`s, nur grade zu genießen?
Die Freud` ist lange nicht so groß,
Als wenn ihr erst herauf, herum,
Durch allerlei Brimborium,
Das Püppchen geknetet und zugericht`t,
Wie`s lehret manche welsche Geschicht`.

Faust Hab` Appetit auch ohne das.

Mephistopheles
Jetzt ohne Schimpf und ohne Spaß!
Ich sag` Euch: mit dem schönen Kind
Geht`s ein für allemal nicht geschwind.

Mit Sturm ist da nichts einzunehmen;
Wir müssen uns zur List bequemen.

Faust Schaff mir etwas vom Engelsschatz!
Führ mich an ihren Ruheplatz!
Schaff mir ein Halstuch von ihrer Brust,
Ein Strumpfband ihrer Liebeslust!

Mephistopheles
Damit ihr seht, dass ich Eurer Pein
Will förderlich und dienstlich sein,
Wollen wir keinen Augenblick verlieren,
Will euch noch heut in ihr Zimmer führen.

Faust Und soll sie sehn? Sie haben?

Mephistopheles
Nein! Sie wird bei einer Nachbarin sein.
Indessen könnt ihr ganz allein
An aller Hoffnung künft`ger Freuden
In ihrem Dunstkreis satt euch weiden.

Faust Können wir hin?

Mephistopheles
Es ist noch zu früh.

Faust Sorg du mir für ein Geschenk für sie!

Ab

Mephistopheles
Gleich schenken? Das ist brav!
Da wird er reüssieren!
Ich kenne manchen schönen Platz
Und manchen altvergrabnen Schatz;
Ich muss ein bisschen revidieren.

Ab

ABEND

Ein kleines reinliches Zimmer

Margarete *ihre Zöpfe flechtend und aufbindend*

Ich gäb` was drum, wenn ich nur wüsst`,
Wer heut der Herr gewesen ist!
Er sah gewiss recht wacker aus,
Und ist aus einem edlen Haus;
Das konnt` ich ihm an der Stirne lesen -
Er wär` auch sonst nicht so keck gewesen.

Ab

Mephistopheles, Faust

Mephistopheles

Herein, ganz leise, nur herein!

Faust *nach einigem Stillschweigen*

Ich bitte dich, lass mich allein!

Mephistopheles *herumspürend*

Nicht jedes Mädchen hält so rein.

Ab

Faust *rings aufschauend*

Willkommen, süßer Dämmerschein,
Der du dies Heiligtum durchwebst!
Ergreif mein Herz, du süße Liebespein,
Die du vom Tau der Hoffnung schmachtend lebst!
Wie atmet rings Gefühl der Stille,
Der Ordnung, der Zufriedenheit!
In dieser Armut welche Fülle!
In diesem Kerker welche Seligkeit!

Er wirft sich auf den ledernen Sessel am Bett

O nimm mich auf, der du die Vorwelt schon
Bei Freud` und Schmerz im offnen Arm empfangen!
Wie oft, ach! Hat an diesem Väterthron
Schon eine Schar von Kindern rings gehangen!

Vieleicht hat, dankbar für den heil`gen Christ,
Mein Liebchen hier, mit vollen Kinderwangen,
Dem Ahnherrn fromm die welke Hand geküsst.
Ich fühl`, o Mädchen, deinen Geist
Der Füll und Ordnung um mich säuseln,
Der mütterlich dich täglich unterweist,
Den Teppich auf den Tisch dich reinlich breiten heißt,
Sogar den Sand zu deinen Füßen kräuseln.
O liebe Hand! so göttergleich!
Die Hütte wird durch dich ein Himmelreich.
Und hier!

Er hebt einen Bettvorhang auf.

Was fasst mich für ein Wonnegraus!
Hier möchte` ich volle Stunden säumen.
Natur, hier bildetest in leichten Träumen
Den eingebornen Engel aus!
Hier lag das Kind, mit warmem Leben
Den zarten Busen angefüllt,
Und hier mit heilig-reinem Weben
Entwirkte sich das Götterbild!

Und du? Was hat dich hergeführt?
Wie innig fühl` ich mich gerührt!
Was willst du hier? Was wird das Herz dir schwer?
Armsel`ger Faust, ich kenne dich nicht mehr.

Umgibt mich hier ein Zauberduft?
Mich drang`s, so grade zu genießen,
Und fühle mich im Liebestraum zerfließen!
Sind wir ein Spiel von jedem Druck der Luft?

Und träte sie den Augenblick herein,

Wie würdest du für deinen Frevel büßen!
Der große Hans, ach, wie so klein!
Läg`, hingeschmolzen , ihr zu Füßen.

Mephistopheles
Geschwind! ich seh` sie unten kommen.

Faust Fort! Fort! Ich kehre nimmermehr!

Mephistopheles
Hier ist ein Kästchen, leidlich schwer;
Ich hab`s woanders hergenommen.
Stellt`s hier nur immer in den Schrein!
Ich schwör` euch, ihr vergehn die Sinnen;
Ich tat euch Sächelchen hinein,
Um eine andre zu gewinnen.
Zwar Kind ist Kind, und Spiel ist Spiel.

Faust Ich weiß nicht, soll ich?

Mephistopheles
Fragt ihr viel?
Meint Ihr vielleicht den Schatz zu wahren?
Dann rat` ich eurer Lüsternheit,
Die liebe schöne Tageszeit
Und mir die weitere Müh` zu sparen.
Ich hoff nicht, dass ihr geizig seid!
Ich kratz` den Kopf; reib` an den Händen, -

Er stellt das Kästchen in den Schrein und drückt das Schloß wieder zu.

Nur fort! geschwind! -
Um euch das süße, junge Kind
Nach Herzens Wunsch und Will` zu wenden,
Und ihr seht drein,
Als solltet ihr in den Hörsaal hinein,
Als stünden grau leibhaftig vor Euch da
Physik und Metaphysika!

Nur fort! *Ab*

Margarethe *mit einer Lampe*

Es ist so schwül, so dumpfig hie.

Sie macht das Fenster auf.

Und ist doch eben so warm nicht drauß.
Es wird mir so, ich weiß nicht wie -
Ich wollt`, die Mutter käm` nach Haus.
Mir läuft ein Schauer übern ganzen Leib -
Bin doch ein töricht furchtsam Weib!

Sie fängt an zu singen, indem sie sich auszieht.

Es war ein König in Thule,
Gar treu bis an das Grab,
Dem sterbend seine Buhle
Einen goldnen Becher gab.

Es ging ihm nichts darüber,
Er leer`t ihn jeden Schmaus;
Die Augen gingen ihm über,
So oft er trank daraus.

Und als er kam zu sterben,
Zählt` er seine Städt` im Reich,
Gönnt` alles seinem Erben,
Den Becher nicht zugleich.

Er saß beim Königsmahle,
Die Ritter um ihn her,
Auf hohem Vätersaale,
Dort auf dem Schloss am Meer.

Dort stand der alte Zecher,
Trank letzte Lebensglut,

Und warf den heiligen Becher
Hinunter in die Flut.

Er sah ihn stürzen, trinken,
Und sinken tief ins Meer,
Die Augen täten ihm sinken,
Trank nie einen Tropfen mehr.

Sie öffnet den Schrein, ihre Kleider einzuräumen, und erblickt das
Schmuckkästchen.

Wie kommt das schöne Kästchen hier herein?
Ich schloss doch ganz gewiss den Schrein.
Es ist doch wunderbar! Was mag wohl drinne sein?
Vieleicht bracht`s jemand als ein Pfand,
Und meine Mutter lieh darauf.
Da hängt ein Schlüsselchen am Band,
Ich denke wohl, ich mach` es auf!
Was ist das? Gott im Himmel! Schau,
So was hab` ich mein` Tage nicht gesehn!
Ein Schmuck! Mit dem könnt eine Edelfrau
Am höchsten Feiertage gehn.
Wie sollte mir die Kette stehn?
Wem mag die Herrlichkeit gehören?

Sie putzt sich damit auf und tritt vor den Spiegel.

Wenn nur die Ohrring` meine wären!
Man sieht doch gleich ganz anders drein.
Was hilft euch Schönheit, junges Blut?
Das ist wohl alles schön und gut.
Allein man läßt`s auch alles sein;
Man lobt euch halb mit Erbarmen
Nach Golde drängt,
Am Golde hängt
Doch alles! Ach, wir Armen.

SPAZIERGANG

Faust in Gedanken auf und ab gehend. Zu ihm Mephistopheles

Mephistopheles

    Bei aller verschmähten Liebe! Beim höllischen Elemente!

    Ich wollt, ich wüsste was Ärgers, daß ich`s fluchen

                             könnte!

Faust Was hast? was kneipt dich denn so sehr?

    So kein Gesicht sah ich in meinem Leben!

Mephistopheles

    Ich möcht mich gleich dem Teufel übergeben,

    Wenn ich nur selbst kein Teufel wär`!

Faust Hat sich dir was im Kopf verschoben?

    Dich kleidet`s, wie ein Rasender zu toben!

Mephistopheles

    Denkt nur: den Schmuck, für Gretchen angeschafft,

    Den hat ein Pfaff hinweggerafft! -

    Die Mutter kriegt das Ding zu schauen,

    Gleich fängt`s ihr heimlich an zu grauen:

    Die Frau hat gar einen feinen Geruch,

    Schnüffelt immer im Gebetbuch,

    Und riecht`s einem jeden Möbel an,

    Ob das Ding heilig ist oder profan.

    Und an dem Schmuck da spürt` sie`s klar,

    Dass dabei nicht viel Segen war.

    Mein Kind, rief sie, „ungerechtes Gut

    Befängt die Seele, zehrt auf das Blut,

    Wollen`s der Mutter Gottes weihen,

    Wird uns mit Himmels-Manna erfreuen!"

    Margretlein zog ein schiefes Maul;

    Ist halt, dacht sie, ein geschenkter Gaul,

    Und wahrlich! Gottlos ist nicht der,

Der ihn so fein gebracht hierher.
Die Mutter ließ einen Pfaffen kommen;
Der hatte kaum den Spaß vernommen,
Ließ sich den Anblick wohl behagen.
Er sprach: „So ist man recht gesinnt!
Wer überwindet, der gewinnt.
Die Kirche hat einen guten Magen,
Hat ganze Länder aufgefressen
Und doch nie sich übergessen;
Die Kirch` allein, meine lieben Frauen,
Kann ungerechtes Gut verdauen."

Faust Das ist ein allgemeiner Brauch;
Ein Jud` und König tun es auch.

Mephistopheles
Strich drauf ein Spange, Kett` und Ring`,
Als wären`s eben Pfifferling,
Dankt` nicht weniger und nicht mehr,
Als ob`s ein Korb voll Nüsse wär`,
Versprach ihnen allen himmlischen Lohn -
Und sie waren sehr erbaut davon.

Faust Und Gretchen?

Mephistopheles
Sitzt nun unruhevoll,
Weiß weder, was sie will noch soll,
Denkt ans Geschmeide Tag und Nacht,
Noch mehr an den, der`s ihr gebracht.

Faust Des Liebchens Kummer tut mir leid.
Schaff du ihr gleich ein neu Geschmeid`!
Am ersten war ja so nicht viel.

Mephistopheles
O ja, dem Herrn ist alles Kinderspiel!

Faust Und mach und richt`s nach meinem Sinn!

Häng dich an ihre Nachbarin!
Sei, Teufel, doch nur nicht wie Brei,
Und schaff einen neuen Schmuck herbei.

Mephistopheles

Ja, gnäd`ger Herr, von Herzen gerne.

Faust ab.

Mephistopheles

So ein verliebter Tor verpufft
Euch Sonne, Mond und alle Sterne
Zum Zeitvertreib dem Liebchen in die Luft.

Ab

DER NACHBARIN HAUS

Marthe *allein*

Gott verzeih's meinem lieben Mann,
Er hat an mir nicht wohlgetan!
Geht da stracks in die Welt hinein
und lässt mich auf dem Stroh allein.
Tät ihn doch wahrlich nicht betrüben,
Tät ihn, weiß Gott! recht herzlich lieben.

Sie weint

Vielleicht ist er gar tot! - O Pein! - -
Hätt' ich nur einen Totenschein!

Margarethe kommt

Margarethe

Frau Marthe!

Marthe

Gretelchen, was soll's?

Margarethe

Fast sinken mir die Kniee nieder!
Da find ich so ein Kästchen wieder
In meinem Schrein, von Ebenholz,
Und Sachen, herrlich ganz und gar,
Weit reicher als das erste war.

Marthe

Das muss sie nicht der Mutter sagen;
Tät's wieder gleich zur Beichte tragen.

Margarethe

Ach, seh' sie nur! Ach schau' sie nur!

Marthe *putzt sie auf.*

O du glücksel'ge Kreatur!

Margarethe

Darf mich, leider, nicht auf der Gassen
Noch in der Kirche mit sehen lassen.

Marthe

> Komm du nur oft zu mir herüber
> Und leg den Schmuck hier heimlich an;
> Spazier ein Stündchen lang dem Spiegelglas vorüber,
> Wir haben unsre Freude dran;
> Und dann gibt`s einen Anlass, gibt`s ein Fest,
> Wo man`s so nach und nach den Leuten sehen lässt:
> Ein Kettchen erst, die Perle dann ins Ohr -
> Die Mutter sieht`s wohl nicht, man macht ihr auch was
>
> > vor.

Margarethe

> Wer konnte nur die beiden Kästchen bringen?
> Es geht nicht zu mit rechten Dingen!
> *Es klopft.*
> Ach Gott! Mag das meine Mutter sein?

Marthe *durchs Vorhängel guckend.*

> Es ist ein fremder Herr - Herein!

Mephistopheles tritt auf.

Mephistopheles

> Bin so frei, grad` hereinzutreten,
> Muss bei den Frauen Verzeihn erbeten.

Tritt ehrerbietig vor Margarethe zurück

> Wollte nach Frau Marthe Schwertlein fragen!

Marthe

> Ich bin`s! Was hat der Herr zu sagen?

Mephistopheles *leise zu ihr.*

> Ich kenne sie jetzt, mir ist das genug;
> Sie hat da gar vornehmen Besuch.
> Verzeiht die Freiheit, die ich genommen,
> Will Nachmittage wiederkommen.

Marthe *laut*

> Denk, Kind, um alles in der Welt:

Der Herr dich für ein Fräulein hält,

Margarethe

Ich bin ein armes junges Blut;
Ach Gott, Der Herr ist gar zu gut:
Schmuck und Geschmeide sind nicht mein.

Mephistopheles

Ach, es ist nicht der Schmuck allein;
Sie hat ein Wesen, einen Blick so scharf!
Wie freut mich`s, dass ich bleiben darf!

Marthe

Was bringt Er denn? Verlange sehr -

Mephistopheles

Ich wollt, ich hätt `eine frohere Mär!
Ich hoffe, Sie lässt mich`s drum nicht büßen:
Ihr Mann ist tot und lässt Sie grüßen.

Marthe

Ist tot? das treue Herz! O weh!
Mein Mann ist tot! Ach, ich vergeh`!

Margarethe

Ach, liebe Frau, verzweifelt nicht!

Mephistopheles

So hört die traurige Geschicht`!

Margarethe

Ich möchte drum mein` Tag` nicht lieben;
Würde mich Verlust zu Tode betrüben.

Mephistopheles

Freud` muss leid, Leid muss Freude haben.

Marthe

Erzählt mir seines Lebens Schluss!

Mephistopheles

Er liegt in Padua begraben
Beim heiligen Antonius,

An einer wohlgeweihten Stätte

Zum ewig kühlen Ruhebette.

Marthe

Habt ihr sonst nichts an mich zu bringen?

Mephistopheles

Ja, eine Bitte, groß und schwer:

Lass` sie doch ja für ihn dreihundert Messen singen!

Im übrigen sind meine Taschen leer.

Marthe

Was! Nicht ein Schaustück? kein Geschmeid`?

Was jeder Handwerksbursch im Grund des Säckels spart,

Zum Angedenken aufbewahrt,

Und lieber hungert, lieber bettelt!

Mephistopheles

Madam, es tut mir herzlich leid;

Allein er hat sein Geld wahrhaftig nicht verzettelt.

Auch er bereute seine Fehler sehr,

Ja, und bejammerte sein Unglück noch viel mehr.

Margarethe

Ach, dass die Menschen so unglücklich sind!

Gewiss, ich will für ihn mach Requiem noch beten.

Mephistopheles

Ihr wäret wert, gleich in die Eh` zu treten:

Ihr seid ein liebenswürdig Kind.

Margarethe

Ach nein, das geht jetzt noch nicht an.

Mephistopheles

Ist`s nicht ein Mann, sei`s derweil ein Galan!

´s ist eine der größten Himmelsgaben,

So ein lieb Ding im Arm zu haben.

Margarethe

Das ist des Landes nicht der Brauch.

Mephistopheles

Brauch oder nicht! Es gibt sich auch.

Marthe

Erzählt mir doch!

Mephistopheles

Ich stand an seinem Sterbebette,
Es war was besser als von Mist,
Von halbgefaultem Stroh; allein, er starb als Christ
Und fand, dass er weit mehr noch auf der Zeche hätte.
„Wie", rief er, „muss ich mich von Grund auf hassen,
So mein Gewerb`, mein Weib so zu verlassen!
Ach, die Erinn`rung tötet mich!
Vergäb` sie mir doch nur in diesem Leben!-"

Marthe *weinend*

Der gute Mann! ich hab` ihm längst vergeben.

Mephistopheles

„Allein, weiss Gott ! sie war mehr schuld als ich".

Marthe

Das lügt er! Was! Am Rand des Grabs zu lügen!

Mephistopheles

Er fabelte gewiss in letzten Zügen,
Wenn ich nur halb ein Kenner bin.
„Ich hatte ", sprach er, „nicht zum Zeitvertreib zu gaffen,
Erst Kinder, und dann Brot für sie zu schaffen,
Und Brot im allerweitsten Sinn,
Und konnte nicht einmal mein Teil in Frieden essen."

Marthe

Hat er so aller Treu`, so aller Lieb` vergessen,
Der Plackerei bei Tag und Nacht!

Mephistopheles

Nicht doch! er hat euch herzlich dran gedacht.
Er sprach: „Als ich nun weg von Malta ging,

Da betet` ich für Frau und Kinder brünstig;
Uns war denn auch der Himmel günstig,
Dass unser Schiff ein türkisch Fahrzeug fing,
Das einen Schatz des großen Sultans führte.
Da ward der Tapferkeit ihr Lohn,
Und ich empfing denn auch, wie sich gebührte,
Mein wohlgemessnes Teil davon."

Marthe

Ei wie? Ei wo? Hat er`s vielleicht vergraben?

Mephistopheles

Wer weiß, wo nun es die vier Winde haben!
Ein schönes Fräulein nahm sich seiner an,
Als er von Napel fremd umher spazierte;
Sie hat an ihm viel Lieb`s und Treu`s getan,
Dass er`s bis an sein selig Ende spürte.

Marthe

Der Schelm! Der Dieb an seinen Kindern!
Auch alles Elend, alle Not
Könnt` nicht sein schändlich Leben hindern!

Mephistopheles

Ja seht, dafür ist er nun tot!
Wär ich nun jetzt an eurem Platze,
Betraurt` ich ihn ein züchtig Jahr,
Visierte dann unterweil nach einem neuen Schatze.

Marthe

Ach Gott! Wie doch mein erster war,
Find` ich nicht leicht auf dieser Welt den andern!
Es konnte kaum ein herziger Närrchen sein.
Er liebte nur das allzu viele Wandern,
Und fremde Weiber, und fremden Wein,
Und das verfluchte Würfelspiel!

Mephistopheles

Nun, nun, so konnt` es gehn und stehen,
Wenn er euch ungefähr so viel
Von seiner Seite nachgesehen.
Ich schwör` euch zu: mit dem Beding
Wechselt` ich selbst mit euch den Ring!

Marthe

O es beliebt dem Herrn zu scherzen!

Mephistopheles *für sich*

Nun mach ich mich beizeiten fort!
Die hielte wohl den Teufel gar beim Wort.

Zu Gretchen

Wie steht es denn mit ihrem Herzen?

Margarethe

Was meint der Herr damit?

Mephistopheles *für sich.*

Du gut`s, unschuldig`s Kind!

Laut Lebt wohl, ihr Fraun!

Margarethe

Lebt wohl!

Marthe

O sagt mir doch geschwind -
Ich möchte gern ein Zeugnis haben,
Wo, wie und wann mein Schatz gestorben und begraben.
Ich bin von je der Ordnung Freund gewesen,
Möchte` ihn auch tot im Wochenblättchen lesen.

Mephistopheles

Ja, gute Frau, durch zweier Zeugen Mund
Wird allerwegs die Wahrheit kund.
Habe noch einen feinen Gesellen,
Den will ich euch vor den Richter stellen.
Ich bring` ihn her.

Marthe

O tut das ja!

Mephistopheles

Und hier die Jungfrau ist auch da? –
Ein braver Knab` ! Ist viel gereist,
Fräuleins alle Höflichkeit erweist.

Margarethe

Müsste vor dem Herrn schamrot werden.

Mephistopheles

Vor keinem Könige der Erden!

Marthe

Da hinterm Haus in meinem Garten
wollen wir der Herrn heut` Abend warten.

SRASSE

Faust Wie ist`s? Will`s fördern? Will`s bald gehn?

Mephistopheles

    Ah bravo! Find` ich Euch in Feuer?

    In kurzer Zeit ist Gretchen Euer!

    Heut` Abend sollt Ihr sie bei Nachbar` Marthen sehn:

    Das ist ein Weib wie auserlesen

    Zum Kuppler- und Zigeunerwesen!

Faust So recht!

Mephistopheles

    Doch wird auch was von uns begehrt.

Faust Ein Dienst ist wohl dem andern wert.

Mephistopheles

    Wir legen nur ein gültig` Zeugnis nieder,

    Dass ihres Ehherrn ausgereckte Glieder

    In Padua an heil`ger Stätte ruhn.

Faust Sehr klug! Wir werden erst die Reise machen müssen!

Mephistopheles

    Sancta simplicitas! Darum ist`s nicht zu tun;

    Bezeuget nur, ohne viel zu wissen!

Faust Wenn er nichts Besser`s hat, so ist der Plan zerrissen.

Mephistopheles

    O heil`ger Mann! Da wärt Ihr`s nun!

    Ist es das erste Mal in Eurem Leben,

    Dass Ihr falsch Zeugnis abgelegt?

    Habt Ihr von Gott, der Welt, und was sich drin bewegt,

    Vom Menschen, was sich ihm in Kopf und Herzen regt,

    Definitionen nicht mit großer Kraft gegeben?

    Mit frecher Stirne, kühner Brust?

    Und wollt Ihr recht ins Inn`re gehen,

    Habt Ihr davon - Ihr müsst es grad` gestehen -

    So viel als von Herrn Schwertleins Tod gewusst!

Faust Du bist und bleibst ein Lügner, ein Sophiste.

Mephistopheles

Ja, wenn man`s nicht ein bisschen tiefer wüsste!

Denn morgen wirst, in allen Ehren,

Das arme Gretchen nicht betören

Und alle Seelenlieb ihr schwören?

Faust Und zwar von Herzen.

Mephistopheles

Gut und schön!

Dann wird von ewiger Treu` und Liebe,

Von einzig überallmächt`gem Triebe -

Wird das auch so von Herzen gehn?

Faust Lass das! Es wird! - Wenn ich empfinde,

Für das Gefühl, für das Gewühl

Nach Namen suche, keinen finde,

Dann durch die Welt mit allen Sinnen schweife,

Nach allen höchsten Worten greife,

Und diese Glut, von der ich brenne,

Unendlich, ewig, ewig nenne,

Ist das ein teuflisch` Lügenspiel?

Mephistopheles

Ich hab` doch recht!

Faust Hör! merk dir dies -

Ich bitte dich - und schone meine Lunge:

Wer recht behalten will und hat nur eine Zunge,

Behält`s gewiss.

Und komm, ich hab` des Schwätzens Überdruss,

Denn du hast recht, vorzüglich, weil ich muss!

GARTEN

Margarethe an Faustens Arm. Marthe mit Mephistopheles auf und ab spazierend.

Margarethe

> Ich fühl` es wohl, dass mich der Herr nur schont,
> Herab sich lässt, mich zu beschämen.
> Ein Reisender ist so gewohnt,
> Aus Gütigkeit fürlieb zu nehmen;
> Ich weiß zu gut, dass solch erfahrnen Mann
> Mein arm Gespräch nicht unterhalten kann.

Faust Ein Blick von dir, Ein Wort mehr unterhält
> Als alle Weisheit dieser Welt.

Er küsst ihre Hand

Margarethe

> Inkommodiert Euch nicht! Wie könnt Ihr sie nur küssen?
> Sie ist so garstig, ist so rau!
> Was hab ich nicht schon alles schaffen müssen!
> Die Mutter ist gar zu genau.

Gehn vorüber

Marthe

> Und Ihr, mein Herr, Ihr reist so immer fort?

Mephistopheles

> Ach, da Gewerb `und Pflicht uns dazu treiben!
> Mit wieviel Schmerz verlässt man manchen Ort
> Und darf doch nun einmal nicht bleiben!

Marthe

> In raschen Jahren geht`s wohl an,
> So um und um frei durch die Welt zu streifen;
> Doch kömmt die böse Zeit heran,
> Und sich als Hagestolz allein zum Grab zu schleifen,
> Das hat noch keinem wohlgetan.

Mephistopheles

Mit Grausen seh` ich das von weiten.

Marthe

Drum, werter Herr, beratet Euch in Zeiten!

Gehn vorüber

Margarethe

Ja, aus den Augen, aus dem Sinn!
Die Höflichkeit ist Euch geläufig;
Allein Ihr habt der Freunde häufig,
Sie sind verständiger, als ich bin.

Faust O Beste! glaube, was man so verständig nennt,
Ist oft mehr Eitelkeit und Kurzsinn.

Margarethe

Wie?

Faust Ach, dass die Einfalt, dass die Unschuld nie
Sich selbst und ihren heil`gen Wert erkennt!
Dass Demut, Niedrigkeit, die höchsten Gaben
Der liebevoll austeilenden Natur -

Margarethe

Denkst du an mich ein Augenblickchen nur,
Ich werde Zeit genug an dich zu denken haben.

Faust Ihr seid wohl viel allein?

Margarethe

Ja, unsre Wirtschaft ist nur klein,
Und doch will sie versehen sein.
Wir haben keine Magd; muss kochen, fegen, stricken
Und nähn und laufen früh und spat,
Und meine Mutter ist in allen Stücken
So akkurat!
Nicht, dass sie just so sehr sich einzuschränken hat;
Wir können uns weit eh`r als andre regen:
Mein Vater hinterließ ein hübsch Vermögen,

Ein Häuschen und ein Gärtchen vor der Stadt.

Doch hab ich jetzt so ziemlich stille Tage:

Mein Bruder ist Soldat,

Mein Schwesterchen ist tot.

Ich hatte mit dem Kind wohl meine liebe Not;

Doch übernähm´ ich gern noch einmal alle Plage,

So lieb war mir das Kind.

Faust Ein Engel, wenn dir`s glich!

Margarethe

Ich zog es auf, und herzlich liebt` es mich.

Es war nach meines Vaters Tod geboren.

Die Mutter gaben wir verloren,

So elend wie sie damals lag,

Und sie erholte sich sehr langsam, nach und nach.

3   Da konnte sie nun nicht dran denken,

Das arme Würmchen selbst zu tränken,

Und so erzog ich`s ganz allein,

Mit Milch und Wasser: so ward`s mein.

Auf meinem Arm, in meinem Schoß

War`s freundlich, zappelte, ward groß.

Faust Du hast gewiss das reinste Glück empfunden.

Margarethe

Doch auch gewiss gar manche schwere Stunden.

Des Kleinen Wiege stand zur Nacht

An meinem Bett; es durfte kaum sich regen,

War ich erwacht;

Bald musst` ich`s tränken, bald es zu mir legen,

Bald, wenn`s nicht schwieg, vom Bett aufstehn

Und tänzelnd in der Kammer auf und nieder gehn,

Und früh am Tage schon am Waschtrog stehn;

Dann auf dem Markt und an dem Herde sorgen,

Und immer fort so heut wie morgen.

Da geht`s, mein Herr, nicht immer mutig zu;
Doch schmeckt dafür das Essen, schmeckt die Ruh.

Gehn vorüber

Marthe

Die armen Weiber sind doch übel dran:
Ein Hagestolz ist schwerlich zu bekehren.

Mephistopheles

Es käme nur auf Euresgleichen an,
Mich eines Bessern zu belehren.

Marthe

Sagt grad`, mein Herr, habt Ihr noch nichts gefunden?
Hat sich das Herz nicht irgendwo gebunden?

Mephistopheles

Das Sprichwort sagt: Ein eigner Herd,
Ein braves Weib sind Gold und Perlen wert.

Marthe

Ich meine: ob Ihr niemals Lust bekommen?

Mephistopheles

Man hat mich überall recht höflich aufgenommen.

Marthe

Ich wollte sagen: ward`s nie Ernst in Eurem Herzen?

Mephistopheles

Mit Frauen soll man sich nie unterstehn zu scherzen.

Marthe

Ach, Ihr versteht mich nicht!

Mephistopheles

Das tut mir herzlich leid!
Doch ich versteh - dass Ihr sehr gütig seid.

Gehen vorüber

Faust Du kanntest mich, o kleiner Engel, wieder,
Gleich als ich in den Garten kam?

Margarethe

Saht Ihr es nicht? ich schlug die Augen nieder.

Faust Und du verzeihst die Freiheit, die ich nahm?

Was sich die Frechheit unterfangen,

Als du jüngst aus dem Dom gegangen?

Margarethe

Ich war bestürzt, mir war das nie geschehn;

Es konnte niemand Übels von mir sagen.

Ach, dacht` ich, hat er in deinem Betragen

Was Freches, Unanständiges gesehn?

Es schien ihn gleich nur anzuwandeln,

Mit dieser Dirne gradehin zu handeln.

Gesteh` ich`s doch: ich wusste nicht, was sich

Zu Eurem Vorteil hier zu regen gleich begonnte;

Allein gewiss, ich war recht bös auf mich,

Dass ich auf Euch nicht böser werden konnte.

Faust Süß Liebchen!

Margarethe

Lasst einmal!

Sie pflückt eine Sternblume und zupft die Blätter ab, eins nach dem andern

Faust Was soll das? Einen Strauß?

Margarethe

Nein, es soll nur ein Spiel.

Faust Wie ?

Margarethe

Geht! Ihr lacht mich aus.

Sie rupft und murmelt.

Faust Was murmelst du?

Margarethe *halb laut.*

Er liebt mich - liebt mich nicht -

Faust Du holdes Himmelsangesicht!

Margarethe *fährt fort*

Liebt mich - nicht - liebt mich - nicht -
Das letzte Blatt ausrupfend, mit holder Freude.
Margarethe
>   Er liebt mich!
Faust Ja, mein Kind! Lass dieses Blumenwort
>   Dir Götterausspruch sein! Er liebt dich!
>   Verstehst du, was das heißt? Er liebt dich!
Er fasst ihre beiden Hände.
Margarethe
>   Mich überläuft`s!
Faust O schaudre nicht! Lass diesen Blick,
>   Lass diesen Händedruck dir sagen,
>   Was unaussprechlich ist:
>   Sich hinzugeben ganz und eine Wonne
>   Zu fühlen, die ewig sein muss!
>   Ewig! - Ihr Ende würde Verzweiflung sein.
>   Nein! kein Ende! Kein Ende!
Margarethe drückt ihm die Hände, macht sich los und läuft weg.
Er steht einen Augenblick in Gedanken, dann folgt er ihr.
Marthe *kommend*
>   Die Nacht bricht an.
Mephistopheles
>   Ja, und wir wollen fort.
Marthe
>   Ich bät´ Euch, länger hier zu bleiben,
>   Allein, es ist ein gar zu böser Ort:
>   Es ist, als hätte niemand nichts zu treiben
>   Und nichts zu schaffen,
>   Als auf des Nachbarn Schritt und Tritt zu gaffen,
>   Und man kommt ins Gered`, wie man sich immer stellt. -
>   Und unser Pärchen?
Mephistopheles

Ist den Gang dort aufgeflogen.
Mutwill`ge Sommervögel!

Marthe

Er scheint ihr gewogen.

Mephistopheles

Und sie ihm auch. Das ist der Lauf der Welt.

EIN GARTENHÄUSCHEN

Margarethe springt herein, steckt sich hinter die Tür, hält die Fingerspitze an die Lippe; und guckt durch die Ritze.

Margarethe

    Er kommt!

Faust *kommt*

    Ach Schelm, so neckst du mich!

    Treff ich dich!

Er küsst sie.

Margarethe *ihn fassend und den Kuss zurückgebend.*

    Bester Mann! Von Herzen lieb` ich dich!

Mephistopheles klopft an.

Faust *stampfend*

    Wer da?

Mephistopheles

    Gut Freund!

Faust Ein Tier!

Mephistopheles

    Es ist wohl Zeit zu scheiden.

Marthe *kommt*

    Ja, es ist spät, mein Herr.

Faust Darf ich Euch nicht geleiten?

Margarethe

    Die Mutter würde mich - Lebt wohl!

Faust Muss ich denn gehn?

    Lebt wohl!

Marthe

    Ade!

Margarethe

    Auf baldig Wiedersehn!

Faust und Mephistopheles ab.

Margarethe

Du lieber Gott! Was so ein Mann
Nicht alles, alles denken kann!
Beschämt nur steh ich vor ihm da
Und sag zu allen Dingen ja.
Bin doch ein arm unwissend Kind,
Begreife nicht, was er an mir find`t.

Ab

WALD UND HÖHLE

Faust *allein.*

Erhab`ner Geist, du gabst mir, gabst mir alles,
Warum ich bat. Du hast mir nicht umsonst
Dein Angesicht im Feuer zugewendet.
Gabst mir die herrliche Natur zum Königreich,
Kraft, sie zu fühlen, zu genießen. Nicht
Kalt staunenden Besuch erlaubst du nur,
Vergönnest mir, in ihre tiefe Brust
Wie in den Busen eines Freunds zu schauen.
Du führst die Reihe der Lebendigen
Vor mir vorbei und lehrst mich meine Brüder
Im stillen Busch, in Luft und Wasser kennen.
Und wenn der Sturm im Walde braust und knarrt,
Die Riesenfichte stürzend, Nachbaräste
Und Nachbarstämme quetschend niederstreift
Und ihrem Fall dumpf-hohl der Hügel donnert,
Dann führst du mich zur sichern Höhle, zeigst
Mich dann mir selbst, und meiner eignen Brust
Geheime, tiefe Wunder öffnen sich.
Und steigt vor meinem Blick der reine Mond
Besänftigend herüber, schweben mir
Von Felsenwänden, aus dem feuchten Busch
Der Vorwelt silberne Gestalten auf
Und lindern der Betrachtung strenge Lust.
O dass dem Menschen nichts Vollkomm`nes wird,
Empfind` ich nun. Du gabst zu dieser Wonne,
Die mich den Göttern nah und näher bringt,
Mir den Gefährten, den ich schon nicht mehr
Entbehren kann, wenn er gleich, kalt und frech,
Mich vor mir selbst erniedrigt und zu Nichts,
Mit einem Worthauch, deine Gaben wandelt.

Er facht in meiner Brust ein wildes Feuer
Nach jenem schönen Bild geschäftig an.
So tauml` ich von Begierde zu Genuss,
Und im Genuss verschmacht` ich nach Begierde.

Mephistopheles tritt auf.

Mephistopheles

Habt Ihr nun bald das Leben g`nug geführt?
Wie kann's Euch in die Länge freuen?
Es ist wohl gut, dass man's einmal probiert;
Dann aber wieder zu was Neuen!

Faust Ich wollt, du hättest mehr zu tun,
Als mich am guten Tag zu plagen.

Mephistopheles

Nun, nun! ich las` dich gerne ruhn,
Du darfst mir's nicht im Ernste sagen.
An dir Gesellen, unhold, barsch und toll,
Ist wahrlich wenig zu verlieren.
Den ganzen Tag hat man die Hände voll!
Was ihm gefällt und was man lassen soll,
Kann man dem Herrn nie an der Nase spüren.

Faust

Das ist so just der rechte Ton!
Er will noch Dank, dass er mich ennuyiert.

Mephistopheles

Wie hätt`st du, armer Erdensohn
Dein Leben ohne mich geführt?
Vom Kribskrabs der Imagination
Hab ich dich doch auf Zeiten lang kuriert;
Und wär` ich nicht, so wärst du schon
Von diesem Erdball abspaziert.
Was hast du da in Höhlen, Felsenritzen

Dich wie ein Schuhu zu versitzen?
Was schlurfst aus dumpfem Moos und triefendem
                                    Gestein
Wie eine Kröte Nahrung ein?
Ein schöner, süßer Zeitvertreib!
Dir steckt der Doktor noch im Leib.

Faust Verstehst du, was für neue Lebenskraft
Mir dieser Wandel in der Öde schafft?
Ja, würdest du es ahnen können,
Du wärest Teufel g`nug, mein Glück mir nicht zu
                                    gönnen.

Mephistophele
Ein überirdisches Vergnügen!
In Nacht und Tau auf den Gebirgen liegen,
Und Erd` und Himmel wonniglich umfassen,
Zu einer Gottheit sich aufschwellen lassen,
Der Erde Mark mit Ahnungsdrang durchwühlen,
Alle sechs Tagewerk` im Busen fühlen,
In stolzer Kraft ich weiß nicht was genießen,
Bald liebewonniglich in alles überfließen,
Verschwunden ganz der Erdensohn,
Und dann die hohe Intuition -
mit einer Gebärde
Ich darf nicht sagen, wie - zu schließen.

Faust Pfui über dich!

Mephistopheles
Das will Euch nicht behagen;
Ihr habt das Recht, gesittet pfui zu sagen.
Man darf das nicht vor keuschen Ohren nennen,
Was keusche Herzen nicht entbehren können.
Und kurz und gut: ich gönn` Ihm das Vergnügen,

Gelegentlich sich etwas vorzulügen;
Doch lange hält Er das nicht aus.
Du bist schon wieder abgetrieben,
Und, währt es länger, aufgerieben
In Tollheit oder Angst und Graus.
Genug damit! - Dein Liebchen sitzt dadrinne,
Und alles wird ihr eng und trüb.
Du kommst ihr gar nicht aus dem Sinne,
Sie hat dich übermächtig lieb.
Erst kam deine Liebeswut übergeflossen,
Wie vom geschmolznen Schnee ein Bächlein übersteigt;
Du hast sie ihr ins Herz gegossen -
Nun ist dein Bächlein wieder seicht.
Mich dünkt: anstatt in Wäldern zu thronen,
Ließ' es dem großen Herren gut,
Das arme affenjunge Blut
Für seine Liebe zu belohnen.
Die Zeit wird ihr erbärmlich lang;
Sie steht am Fenster, sieht die Wolken ziehn
Über die alte Stadtmauer hin.
"Wenn ich ein Vöglein wär!" so geht ihr Gesang
Tage lang, halbe Nächte lang.
Einmal ist sie munter, meist betrübt,
Einmal recht ausgeweint,
Dann wieder ruhig, wie's scheint -
Und immer verliebt!

Faust Schlange! Schlange!

Mephistopheles *für sich*
Gelt! dass ich dich fange!

Faust Verruchter! hebe dich von hinnen
Und nenne nicht das schöne Weib!

Bring die Begier zu ihrem süßen Leib
Nicht wieder vor die halb verrückten Sinnen!

Mephistopheles

Was soll es denn? Sie meint, du seist entflohn,
Und halb und halb bist du es schon.

Faust Ich bin ihr nah, und wär` ich noch so fern,
Ich kann sie nie vergessen, nie verlieren;
Ja, ich beneide schon den Leib des Herrn,
Wenn ihre Lippen ihn indes berühren!

Mephistopheles

Gar wohl, mein Freund! Ich hab` Euch oft beneidet
Ums Zwillingspaar, das unter Rosen weidet.

Faust Entfliehe, Kuppler!

Mephistopheles

Schön! Ihr schimpft, und ich muss lachen.
Der Gott, der Bub' und Mädchen schuf,
Erkannte gleich den edelsten Beruf,
Auch selbst Gelegenheit zu machen.
Nur fort, es ist ein großer Jammer!
Ihr sollt in Eures Liebchens Kammer,
Nicht etwa in den Tod!

Faust Was ist die Himmelsfreud in ihren Armen?
Lass mich an ihrer Brust erwarmen:
Fühl `ich nicht immer ihre Not?
Bin ich der Flüchtling nicht? Der Unbehauste?
Der Unmensch ohne Zweck und Ruh`,
Der wie ein Wassersturz von Fels zu Felsen brauste,
Begierig wütend, nach dem Abgrund zu?
Und seitwärts sie, mit kindlich dumpfen Sinnen,
Im Hüttchen auf dem kleinen Alpenfeld,
Und all ihr häusliches Beginnen

Umfangen in der kleinen Welt.
Und ich, der Gottverhasste,
Hatte nicht genug,
Dass ich die Felsen faste
Und sie zu Trümmern schlug!
Sie, ihren Frieden musst ich untergraben!
Du, Hölle, musstest dieses Opfer haben!
Hilf, Teufel, mir die Zeit der Angst verkürzen!
Was muss geschehn, mag's gleich gescheh`n!
Mag ihr Geschick auf mich zusammenstürzen
Und sie mit mir zugrunde gehn!

Mephistopheles

Wie's wieder siedet, wieder glüht!
Geh ein und tröste sie, du Tor!
Wo so ein Köpfchen keinen Ausgang sieht,
Stellt er sich gleich das Ende vor.
Es lebe, wer sich tapfer hält!
Du bist doch sonst so ziemlich eingeteufelt.
Nichts Abgeschmackter`s find` ich auf der Welt
Als einen Teufel, der verzweifelt.

GRETCHENS STUBE

Gretchen *am Spinnrade, allein.*

Meine Ruh` ist hin,
Mein Herz ist schwer;
Ich finde sie nimmer
Und nimmermehr.

Wo ich ihn nicht hab`,
Ist mir das Grab,
Die ganze Welt
Ist mir vergällt.

Mein armer Kopf
Ist mir verrückt,
Mein armer Sinn
Ist mir zerstückt.

Meine Ruh` ist hin,
Mein Herz ist schwer;
Ich finde sie nimmer
Und nimmermehr.

Nach ihm nur schau` ich
Zum Fenster hinaus,
Nach ihm nur geh` ich
Aus dem Haus.

Sein` hoher Gang,
Sein` edle Gestalt,
Seines Mundes Lächeln,
Seiner Augen Gewalt,

Und seiner Rede
Zauberfluss,
Sein Händedruck,
Und ach, sein Kuss!

Meine Ruh ist hin,
Mein Herz ist schwer;
Ich finde sie nimmer
Und nimmermehr.

Mein Busen drängt
Sich nach ihm hin:
Ach, dürft `ich fassen
Und halten ihn

Und küssen ihn,
So wie ich wollt`,
An seinen Küssen
Vergehen sollt`!

MARTHES GARTEN

Margarethe, Faust

Margarethe

Versprich mir, Heinrich!

Faust Was ich kann!

Margarethe

Nun, sag: wie hast du`s mit der Religion?

Du bist ein herzlich guter Mann,

Allein ich glaub`, du hältst nicht viel davon.

Faust. Lass das, mein Kind! Du fühlst, ich bin dir gut;

Für meine Lieben ließ` ich Leib und Blut,

Will niemand sein Gefühl und seine Kirche rauben.

Margarethe

Das ist nicht recht, man muss dran glauben!

Faust Muss man?

Margarethe

Ach! Wenn ich etwas auf dich könnte!

Du ehrst auch nicht die heil`gen Sakramente.

Faust Ich ehre sie.

Margarethe

Doch ohne Verlangen.

Zur Messe, zur Beichte bist du lange nicht gegangen.

Glaubst du an Gott?

Faust Mein Liebchen, wer darf sagen:

Ich glaub` an Gott!

Magst Priester oder Weise fragen,

Und ihre Antwort scheint nur Spott

Über den Frager zu sein.

Margarethe

So glaubst du nicht?

Faust Misshör mich nicht, du holdes Angesicht!

Wer darf ihn nennen?

Und wer bekennen:
Ich glaub` ihn!
Wer empfinden,
Und sich unterwinden
Zu sagen: ich glaub` ihn nicht!
Der Allumfasser,
Der Allerhalter,
Fasst und erhält er nicht
Dich, mich, sich selbst?
Wölbt sich der Himmel nicht da droben?
Liegt die Erde nicht hier unten fest?
Und steigen freundlich blickend
Ewige Sterne nicht herauf?
Schau` ich nicht Aug` in Auge dir,
Und drängt nicht alles
Nach Haupt und Herzen dir,
Und webt in ewigem Geheimnis
Unsichtbar sichtbar neben dir?
Erfüll davon dein Herz, so groß es ist,
Und wenn du ganz in dem Gefühle selig bist,
Nenn es dann, wie du willst:
Nenn`s Glück! Liebe! Gott!
Ich habe keinen Namen
Dafür! Gefühl ist alles;
Name ist Schall und Rauch,
Umnebelnd Himmelsglut.

Margarethe
Das ist alles recht schön und gut;
Ungefähr sagt das der Pfarrer auch,
Nur mit ein bisschen andern Worten.

Faust Es sagen`s aller Orten
Alle Herzen unter dem himmlischen Tage,

Jedes in seiner Sprache;
Warum nicht ich in der meinen?

Margarethe

Wenn man`s so hört, möcht`s leidlich scheinen,
Steht aber doch immer schief darum;
Denn du hast kein Christentum.

Faust Liebs Kind!

Margarethe

Es tut mir lang schon weh,
Dass ich dich in der Gesellschaft seh`.

Faust Wieso?

Margarethe

Der Mensch, den du da bei dir hast,
Ist mir in tiefer innrer Seele verhasst;
Es hat mir in meinem Leben
So nichts einen Stich ins Herz gegeben
Als des Menschen widrig Gesicht.

Faust Liebe Puppe, fürcht ihn nicht!

Margarethe

Seine Gegenwart bewegt mir das Blut.
Ich bin sonst allen Menschen gut;
Aber wie ich mich sehne, dich zu schauen,
Hab` ich vor dem Menschen ein heimlich Grauen,
Und halt` ihn für einen Schelm dazu!
Gott verzeih mir`s, wenn ich ihm unrecht tu!

Faust Es muss auch solche Käuze geben.

Margarethe

Wollte nicht mit seinesgleichen leben!
Kommt er einmal zur Tür herein,
Sieht er immer so spöttisch drein
Und halb ergrimmt;
Man sieht, dass er an nichts keinen Anteil nimmt;

Es steht ihm an der Stirn geschrieben,
Dass er nicht mag eine Seele lieben.
Mir wird`s so wohl in deinem Arm,
So frei, so hingegeben warm,
Und seine Gegenwart schnürt mir das Innre zu.

Faust Du ahnungsvoller Engel du!

Margarethe
Das übermannt mich so sehr,
Dass, wo er nur mag zu uns treten,
Mein` ich sogar, ich liebte dich nicht mehr.
Auch, wenn er da ist, könnt` ich nimmer beten,
Und das frisst mir ins Herz hinein;
Dir, Heinrich, muss es auch so sein.

Faust Du hast nun die Antipathie!

Margarethe
Ich muss nun fort.

Faust Ach, kann ich nie
Ein Stündchen ruhig dir am Busen hängen,
Und Brust an Brust und Seel` in Seele drängen?

Margarethe
Ach, wenn ich nur alleine schlief!
Ich ließ` dir gern heut Nacht den Riegel offen;
Doch meine Mutter schläft nicht tief,
Und würden wir von ihr betroffen,
Ich wär` gleich auf der Stelle tot!

Faust Du Engel, das hat keine Not.
Hier ist ein Fläschchen! Drei Tropfen nur
In ihren Trank umhüllen
Mit tiefem Schlaf gefällig die Natur.

Margarethe
Was tu ich nicht um deinetwillen?
Es wird ihr hoffentlich nicht schaden!

Faust Würd` ich sonst, Liebchen, dir es raten?

Margarethe

Seh` ich dich, bester Mann, nur an,

Weiß nicht, was mich nach deinem Willen treibt;

Ich habe schon so viel für dich getan,

Dass mir zu tun fast nichts mehr übrig bleibt.

Ab

Mephistopheles tritt auf.

Mephistopheles

Der Grasaff! ist er weg?

Faust Hast wieder spioniert?

Mephistopheles

Ich hab`s ausführlich wohl vernommen;

Herr Doktor wurden da katechisiert;

Hoff`, es soll Ihnen wohl bekommen.

Die Mädels sind doch sehr interessiert,

Ob einer fromm und schlicht nach altem Brauch.

Sie denken: duckt er da, folgt er uns eben auch.

Faust Du Ungeheuer siehst nicht ein,

Wie diese treue, liebe Seele,

Von ihrem Glauben voll,

Der ganz allein

Ihr seligmachend ist, sich heilig quäle,

Dass sie den lieben Mann verloren halten soll.

Mephistopheles

Du übersinnlicher sinnlicher Freier,

3   Ein Mägdelein nasführet dich.

Faust Du Spottgeburt von Dreck und Feuer!

Mephistopheles

Und die Physiognomie versteht sie meisterlich:

In meiner Gegenwart wird`s ihr, sie weiß nicht wie,

Mein Mäskchen da weissagt verborgnen Sinn;

Sie fühlt, dass ich ganz sicher ein Genie,
Vielleicht wohl gar der Teufel bin. -
Nun, heute nacht - ?
Faust Was geht dich`s an?
Mephistopheles
Hab` ich doch meine Freude dran!

AM BRUNNEN

Margarethe und Lieschen mit Krügen

Lieschen

Hast nichts von Bärbelchen gehört?

Margarethe

Kein Wort! Ich komm` gar wenig unter Leute.

Lieschen

Gewiss, Sibylle sagt` mir`s heute!

Die hat sich endlich auch betört.

Das ist das Vornehmtun!

Margarethe

Wieso?

Lieschen

Es stinkt!

Sie füttert zwei, wenn sie nun isst und trinkt.

Margarethe

Ach!

Lieschen

So ist`s ihr endlich recht ergangen.

Wie lange hat sie an dem Kerl gehangen!

Das war ein Spazieren,

Auf Dorf und Tanzplatz führen,

Musst` überall die Erste sein,

Kurtesiert` ihr immer mit Pastetchen und Wein;

Bild`t`sich was auf ihre Schönheit ein,

War doch so ehrlos, sich nicht zu schämen,

Geschenke von ihm anzunehmen.

War ein Gekos` und ein Geschleck;

Da ist denn auch das Blümchen weg!

Margarethe

Das arme Ding!

Lieschen

Bedauerst sie noch gar!
Wenn unsereins am Spinnen war,
Uns nachts die Mutter nicht hinunterließ,
Stand sie bei ihrem Buhlen süß,
Auf der Türbank und im dunklen Gang
Ward ihnen keine Stunde zu lang.
Da mag sie denn sich ducken nun,
Im Sünderhemdchen Kirchbuß` tun!

Margarethe
Er nimmt sie gewiss zu seiner Frau.

Lieschen
Er wär` ein Narr! Ein flinker Jung`
Hat anderwärts noch Luft genug.
Er ist auch fort.

Margarethe
Das ist nicht schön!

Lieschen
Kriegt sie ihn, soll`s ihr übel gehn.
Das Kränzel reißen die Buben ihr,
Und Häckerling streuen wir vor die Tür!

Ab

Gretchen *nach Hause gehend.*
Wie könnt` ich sonst so tapfer schmälen,
Wenn tat ein armes Mägdlein fehlen!
Wie könnt` ich über andrer Sünden
Nicht Worte genug der Zunge finden!
Wie schien mir`s schwarz, und schwärzt`s noch gar,
Mir`s immer doch nicht schwarz g`nug war,
Und segnet` mich und tat so groß,
Und bin nun selbst der Sünde bloß!
Doch - alles, was dazu mich trieb,
Gott! War so gut! Ach, war so lieb!

ZWINGER

*In der Mauerhöhle ein Andachtsbild der Mater dolorosa, Blu-
menkrüge davor. Gretchen steckt frische Blumen in die Krüge.*

Margarethe

> Ach neige,
> Du Schmerzenreiche,
> Dein Antlitz gnädig meiner Not!
>
> Das Schwert im Herzen,
> Mit tausend Schmerzen
> Blickst auf zu deines Sohnes Tod.
>
> Zum Vater blickst Du,
> Und Seufzer schickst du
> Hinauf um sein` und deine Not.
>
> Wer fühlet,
> Wie wühlet
> Der Schmerz mir im Gebein?
> Was mein armes Herz hier banget,
> Was es zittert, was verlanget,
> Weißt nur du, nur du allein!
>
> Wohin ich immer gehe,
> Wie weh, wie weh, wie wehe
> Wird mir im Busen hier!
> Ich bin, ach! kaum alleine,
> Ich wein`, ich wein`, ich weine,
> Das Herz zerbricht in mir.
>
> Die Scherben vor meinem Fenster
> Betaut` ich mit Tränen, ach!

Als ich am frühen Morgen
Dir diese Blumen brach.

Schien hell in meine Kammer
Die Sonne früh herauf,
Saß ich in allem Jammer
In meinem Bett schon auf.

Hilf! Rette mich vor Schmach und Tod!
Ach neige,
Du Schmerzenreiche,
Dein Antlitz gnädig meiner Not!

NACHT

Straße vor Margarethes Türe

Valentin, *Soldat, Margarethes Bruder*

Wenn ich so saß bei einem Gelag,
Wo mancher sich berühmen mag,
Und die Gesellen mir den Flor
Der Mägdlein laut gepriesen vor,
Mit vollem Glas das Lob verschwemmt -
Den Ellenbogen aufgestemmt,
Saß ich in meiner sichern Ruh`,
Hört` all dem Schwadronieren zu
Und streiche lächelnd meinen Bart
Und kriege das volle Glas zur Hand
Und sage: Alles nach seiner Art!
Aber ist keine im ganzen Land,
Die meiner trauten Gretel gleicht,
Die meiner Schwester das Wasser reicht?
Topp! Topp! Kling! Klang! Das ging herum!
Die einen schrieen: „Er hat recht,
Sie ist die Zier vom ganzen Geschlecht!"
Da saßen alle die Lober stumm.
Und nun! - um`s Haar sich auszuraufen
Und an den Wänden hinaufzulaufen! -
Mit Stichelreden, Nasenrümpfen
Soll jeder Schurke mich beschimpfen!
Soll wie ein böser Schuldner sitzen,
Bei jedem Zufallswörtchen schwitzen!
Und möchte` ich sie zusammenschmeißen,
Könnt` ich sie doch nicht Lügner heißen.

Was kommt heran? Was schleicht herbei?
Irr` ich nicht, es sind ihrer zwei.

Ist er`s, gleich pack` ich ihn beim Felle,
Soll nicht lebendig von der Stelle!

Faust, Mephistopheles

Faust Wie von dem Fenster dort der Sakristei
Aufwärts der Schein des ew`gen Lämpchen flämmert
Und schwach und schwächer seitwärts dämmert,
Und Finsternis drängt ringsum bei!
So sieht`s in meinem Busen nächtig.
Mephistopheles
Und mir ist`s wie dem Kätzlein schmächtig,
Das an den Feuerleitern schleicht:
Sich leis` dann um die Mauern streicht;
Mir ist`s ganz tugendlich dabei,
Ein bisschen Diebsgelüst, ein bisschen Rammelei.
So spukt mir schon durch alle Glieder
Die herrliche Walpurgisnacht.
Die kommt uns übermorgen wieder,
Da weiß man doch, warum man wacht.
Faust Rückt wohl der Schatz indessen in die Höh`,
Den ich dort hinten flimmern seh?
Mephistopheles
Du kannst die Freude bald erleben,
Das Kesselchen herauszuheben.
Ich schielte neulich so hinein:
Sind herrliche Löwentaler drein.
Faust Nicht ein Geschmeide? Nicht einen Ring?
Meine liebe Buhle damit zu zieren?
Mephistopheles
Ich sah dabei wohl so ein Ding,
Als wie eine Art von Perlenschnüren.
Faust So ist es recht! Mir tut es weh,

Wenn ich ohne Geschenke zu ihr geh`.

Mephistopheles

Es sollt` Euch eben nicht verdrießen,
Umsonst auch etwas zu genießen. -
Jetzt, da der Himmel voller Sterne glüht,
Sollt Ihr ein wahres Kunstwerk hören:
Ich sing` ihr ein moralisch Lied,
Um sie gewisser zu betören.

Singt zur Zither.

Was machst du mir
Vor Liebchens Tür,
Kathrinchen, hier
Bei frühem Tagesblicke?
Lass, lass es sein!
Er lässt dich ein,
Als Mädchen ein,
Als Mädchen nicht zurücke.

Nehmt Euch in acht!
Ist es vollbracht,
Dann gute Nacht,
Ihr armen, armen Dinger!
Habt ihr euch lieb,
Tut keinem Dieb
Nur nichts zu Lieb`,
Als mit dem Ring am Finger.

Valentin *tritt hervor.*

Wen lockst du hier? Beim Element!
Vermaledeiter Rattenfänger!
Zum Teufel erst das Instrument!
Zum Teufel hinterdrein den Sänger!

Mephistopheles

Die Zither ist entzwei! An der ist nichts zu halten.

Valentin

Nun soll es an ein Schädelspalten!

Mephistopheles *zu Faust.*

Herr Doktor, nicht gewichen! Frisch!

Hart an mich, wie ich Euch führe!

Heraus mit Eurem Flederwisch!

Nur zugestoßen! Ich pariere.

Valentin

Pariere den!

Mephistopheles

Warum denn nicht?

Valentin

Auch den!

Mephistopheles

Gewiss!

Valentin

Ich glaub`, der Teufel ficht!

Was ist denn das? Schon wird die Hand mir lahm.

Mephistopheles

Stoß zu!

Valentin *fällt.*

O weh!

Mephistopheles

Nun ist der Lümmel zahm!

Nun aber fort! Wir müssen gleich verschwinden;

Denn schon entsteht ein mörderisch` Geschrei.

Ich weiß mich trefflich mit der Polizei,

3   Doch mit dem Blutbann schlecht mich abzufinden

Marthe *am Fenster.*

Heraus! Heraus!

Gretchen *am Fenster.*

Herbei ein Licht!

Marthe *wie oben.*

Man schilt und rauft, man schreit und ficht.

Volk   Da liegt schon einer tot!

Marthe *heraustretend.*

Die Mörder, sind sie denn entflohn?

Gretchen *heraustretend.*

Wer liegt hier?

Volk   Deiner Mutter Sohn.

Gretchen

Allmächtiger! Welche Not!

Valentin

Ich sterbe! Das ist bald gesagt
Und bälder noch getan.

Was steht ihr Weiber, heult und klagt?
Kommt her und hört mich an!

Alle treten um ihn.

Valentin

Mein Gretchen, Du bist noch jung,
Bist gar noch nicht gescheit genug,
Machst deine Sache schlecht.
Ich sag` dir`s im Vertrauen nur:
Du bist doch nun einmal eine Hur`!
So sei`s auch eben recht!

Margarethe

Mein Bruder! Gott! Was soll mir das?

Valentin

Lass unsern Herrgott aus dem Spaß!
Geschehn ist leider nun geschehn,
Und wie es gehen kann, so wird`s gehn.
Du fingst mit einem heimlich an,
Bald kommen ihrer mehre dran,

Und wenn dich erst ein Dutzend hat,
So hat dich auch die ganze Stadt.

Wenn erst die Schande wird geboren,
Wird sie heimlich zur Welt gebracht,
Und man zieht den Schleier der Nacht
Ihr über Kopf und Ohren;
Ja, man möchte sie gern ermorden.
Wächst sie aber und macht sich groß,
Dann geht sie auch bei Tage bloß,
Und ist doch nicht schöner geworden.
Je hässlicher wird ihr Gesicht,
Je mehr sucht sie des Tages Licht.

Ich seh` wahrhaftig schon die Zeit,
Dass alle brave Bürgersleut`
Wie von einer angesteckten Leichen
Von dir, du Metze! Seitab weichen.
Dir soll das Herz im Leib verzagen,
Wenn sie dir in die Augen sehn!
Sollst keine goldne Kette mehr tragen!
In der Kirche nicht mehr am Altar stehn!
In einem schönen Spitzenkragen
Dich nicht beim Tanze Wohlbehagen!
In eine finstre Jammerecken
Unter Bettler und Krüppel dich verstecken,
Und, wenn dir dann auch Gott verzeiht,
Auf Erden sein vermaledeit1

Marthe
Befehlt Eure Seele Gott zu Gnaden!
Wollt Ihr noch Läst`rung auf Euch laden?

Valentin

Könnt` ich dir nur an den dürren Leib,
Du schändlich kupplerisches Weib!
Da hofft` ich aller meiner Sünden
Vergebung reiche Maß zu finden.

Gretchen

Mein Bruder! Welche Höllenpein!

Valentin

Ich sage, lass die Tränen sein!
Da du dich sprachst der Ehre los,
Gabst mir den schwersten Herzensstoß.
Ich gehe durch den Todesschlaf
Zu Gott ein als Soldat und brav.

Stirbt.

DOM

Amt, Orgel und Gesang
Gretchen unter vielem Volke. Böser Geist hinter Gretchen

Böser Geist

>Wie anders, Gretchen, war dir`s,
>Als du noch voll Unschuld
>Hier zum Altar tratst,
>Aus dem vergriffnen Büchelchen
>Gebete lalltest,
>Halb Kinderspiele,
>Halb Gott im Herzen!
>Gretchen!
>Wo steht dein Kopf?
>In deinem Herzen
>Welche Missetat?
>Bet`st für deiner Mutter Seele, die
>Durch dich zur langen, langen Pein hinüberschlief?
>Auf deiner Schwelle wessen Blut? -
>Unter deinem Herzen
>Regt sich`s nicht quillend schon
>Und ängstigt dich und sich
>Mit ahnungsvoller Gegenwart?

Margarethe

>Weh! Weh!
>Wär` ich der Gedanken los.
>Die mir herüber und hinüber gehen
>Wider mich!

Chor Dies irae, dies illa
>Solvet saeclum in favilla.

Orgelton

Böser Geist

>Grimm fasst dich!

Die Posaune tönt!

Die Gräber beben!

Und dein Herz,

Aus Aschenruh

Zu Flammenqualen

Wieder aufgeschaffen,

Bebt auf!

Margarethe

Wär` ich hier weg!

Mir ist, als ob die Orgel mir

Den Atem versetzte,

Gesang mein Herz

Im Tiefsten löste.

Chor Judex ergo cum sedebit,

Quidquid latet adparebit,

Nil inultum remanebit.

Margarethe

Mir wird so eng!

Die Mauerpfeiler

Befangen mich!

Das Gewölbe

Drängt mich! - Luft!

Böser Geist

Verbirg dich! Sünd` und Schande

Bleibt nicht verborgen.

Luft? Licht?

Weh dir!

Chor

Quid sum miser tunc dicturus?

Quem patronum rogatorus?

Cum vix justus sit secures?

Böser Geist

Ihr Antlitz wenden
Verklärte von dir ab.
Die Hände dir zu reichen,
Schauert`s den Reinen.
Weh!

Chor

Quid sum miser tunc dicturus?

Margarethe

Nachbarin! Euer Fläschchen! -
Sie fällt in Ohnmacht.

WALPURGISNACHT
(Auszug - Schlussverse)

Faust

Dann sah ich -

Mephistopheles

Was?

Faust Mephisto, siehst du dort

Ein blasses, schönes Kind allein und ferne stehen?

Sie schiebt sich langsam nur vom Ort,

Sie scheint mit geschlossnen Füßen zu gehen.

Ich muss bekennen, dass mich deucht,

Dass sie dem armen Gretchen gleicht.

Mephistopheles

Lass das nur stehen! Dabei wird`s niemand wohl.

Es ist ein Zauberbild, ist leblos, ein Idol.

Ihm zu begegnen, ist nicht gut:

Vom starren Blick erstarrt des Menschen Blut,

Und er wird fast in Stein verkehrt,

Von der Meduse hast du ja gehrt.

Faust Fürwahr, es sind die Augen eines Toten,

Die eine liebende Hand nicht schloss.

Das ist die Brust, die Gretchen mir geboten,

Das ist der süße Leib, den ich genoss.

Mephistopheles

Das ist die Zauberei, du leicht verführter Tor!

Denn jedem kommt sie wie sein Liebchen vor.

Faust Welch eine Wonne! welch ein Leiden!

Ich kann von diesem Blick nicht scheiden.

Wie sonderbar muss diesen schönen Hals

Ein einzig rotes Schnürchen schmücken,

Nicht breiter als ein Messerrücken!

Mephistopheles

Ganz recht! ich seh` es ebenfalls.
Sie kann das Haupt auch unterm Arme tragen;
Denn Perseus hat`s ihr abgeschlagen.
Nur immer diese Lust zum Wahn! -
Komm doch das Hügelchen heran,
Hier ist`s so lustig wie im Prater;
Und hat man mir`s nicht angetan,
So seh` ich wahrlich ein Theater.
Was gibt`s denn da?

TRÜBER TAG, FELD

Faust Im Elend! Verzweifelnd! Erbärmlich auf der Erde lange verirrt und nun gefangen! Als Missetäterin im Kerker zu entsetzlichen Qualen eingesperrt das holde unselige Geschöpf! Bis dahin! Dahin! - Verräterischer, nichtswürdiger Geist, und das hast du mir verheimlicht! - Steh nur, steh! wälze die teuflischen Augen ingrimmend im Kopf herum! Steh und trutze mir durch deine unerträgliche Gegenwart! - Gefangen! Im unwiderbringlichen Elend! Bösen Geistern übergeben und der richtenden gefühllosen Menschheit! - Und mich wiegst du indes in abgeschmackten Zerstreuungen, verbirgst mir ihren wachsenden Jammer und lässest sie hülflos verderben!

Mephistopheles
Sie ist die Erste nicht.

Faust Hund! Abscheuliches Untier! - Wandle ihn, du unendlicher Geist! Wandle den Wurm wieder in seine Hundsgestalt, wie er sich oft nächtlicherweile gefiel, vor mir herzuztrotten, dem harmlosen Wandrer vor die Füße zu kollern sich dem Niederstürzenden auf die Schultern zu hängen! Wandl` ihn wieder in sein Lieblingsbildung, dass er vor mir im Sand auf dem Bauch krieche, ich ihn mit Füßen trete, den Verworfnen! – „Die Erste nicht!" - Jammer! Jammer! Von keiner Menschenseele zu fassen, dass mehr als ein Geschöpf in die Tiefe dieses Elendes versank, dass nicht das Erste genug tat für die Schuld aller Übrigen in seiner windenden Todesnot vor den Augen des Ewig-Verzeihenden! Mir wühlt es Mark und Leben durch, das Elend dieser Einzigen; du grinsest gelassen über das Schicksal von Tausenden hin!

Mephistopheles

Nun sind wir schon wieder an der Grenze unsres Witzes, da, wo euch Menschen der Sinn überschnappt. Warum machst du Gemeinschaft mit uns, wenn du sie nicht durchführen kannst? Willst fliegen und bist vorm Schwindel nicht sicher? Drangen wir uns dir auf, oder du dich uns?

Faust Fletsche deine gefräß`gen Zähne mir nicht so entgegen! Mir ekelts! - Großer, herrlicher Geist, der du mir zu erscheinen würdigtest, der du mein Herz kennest und meine Seele, warum an den Schandgesellen mich schmieden, der sich am Schaden weidet und am Verderben sich letzt?

Mephistopheles
Endigst du?

Faust Rette sie! Oder weh dir! Den grässlichsten Fluch über dich auf Jahrtausende!

Mephistopheles
Ich kann die Bande des Rächers nicht lösen, seine Riegel nicht öffnen. – „Rette sie!" - Wer war`s, der sie ins Verderben stürzte? Ich oder du?

Faust blickt wild umher.

Mephistopheles
Greifst du nach dem Donner? Wohl, dass er euch elenden Sterblichen nicht gegeben ward! Den unschuldig Entgegnenden zu zerschmettern, das ist so Tyrannenart, sich in Verlegenheiten Luft zu machen.

Faust Bringe mich hin! Sie soll frei sein!

Mephistopheles
Und die Gefahr, der du dich aussetzest? Wisse, noch liegt auf der Stadt Blutschuld von deiner Hand! Über des Erschlagenen Stätte schweben rächende Geister und lauern auf den wiederkehrenden Mörder.

Faust Noch das von dir! Mord und Tod einer Welt über dich Ungeheuer! Führe mich hin, sag` ich, und befrei sie!

Mephistopheles

Ich führe dich, und was ich tun kann, höre! Habe ich alle Macht im Himmel und auf Erden? Des Türmers Sinne will ich umnebeln, bemächtige dich der Schlüssel und führe sie heraus mit Menschenhand! Ich wache! Die Zauberpferde sind bereit, ich entführe euch. Das vermag ich.

Faust Auf und davon!

KERKER

Faust, *mit einem Bund Schlüssel und einer Lampe vor einem ei-*
sernen Türchen.

>Mich fasst ein längst entwöhnter Schauer,
>Der Menschheit ganzer Jammer fasst mich an.
>Hier wohnt sie, hinter dieser feuchten Mauer,
>Und ihr Verbrechen war nur ein guter Wahn!
>Du zauderst, zu ihr zu gehen?
>Du fürchtest, sie wiederzusehen?
>Fort! Dein Zagen zögert den Tod heran.

Er ergreift das Schloss. Es singt inwendig:

Margarethe

>Meine Mutter, die Hur`,
>Die mich umgebracht hat!
>Mein Vater, der Schelm,
>Der mich gessen hat!
>Mein Schwesterlein klein
>Hub auf die Bein`
>An einem kühlen Ort -
>Da ward ich ein schönes Waldvögelein;
>Fliege fort, fliege fort!

Faust *aufschließend*

>Sie ahnet nicht, dass der Geliebte lauscht,
>Die Ketten klirren hört, das Stroh, das rauscht.

Er tritt ein.

Margarethe *sich auf dem Lager verbergend.*

>Weh! weh! Sie kommen. Bittrer Tod!

Faust *leise*

>Still! Still! Ich komme, dich zu befreien.

Margarethe *sich vor ihn hinwälzend.*

>Bist du ein Mensch, so fühle meine Not!

Faust Du wirst die Wächter aus dem Schlafe schreien!

Er fasst die Ketten, sie aufzuschließen.

Margarethe *auf den Knien*

> Wer hat die, Henker, diese Macht
> Über mich gegeben?
> Du holst mich schon um Mitternacht!
> Erbarme dich und lass mich leben!
> Ist`s morgen früh nicht zeitig genug?

Sie steht auf.

Margarethe

> Bin ich doch noch so jung, so jung!
> Und soll schon sterben!
> Schön war ich auch, und das war mein Verderben.
> Nah war der Freund, nun ist er weit;
> Zerrissen liegt der Kranz, die Blumen zerstreut.
> Fasse mich nicht so gewaltsam an!
> Schone mich! Was hab` ich dir getan?
> Lass mich nicht vergebens flehen!
> Hab` ich dich doch mein Tage nicht gesehen!

Faust Werd ich den Jammer überstehen?

Margarethe

> Ich bin nun ganz in deiner Macht.
> Lass mich nur erst das Kind noch tränken!
> Ich herzt` es diese ganze Nacht;
> Sie nahmen mir`s, um mich zu kränken,
> Und sagen nun, ich hätt` es umgebracht.
> Und niemals werd ich wieder froh.
> Sie singen Lieder auf mich! Es ist bös von den Leuten!
> Ein altes Märchen endigt so,
> Wer heißt sie`s deuten?

Faust *wirft sich nieder.*

> Ein Liebender liegt dir zu Füßen,
> Die Jammerknechtschaft aufzuschließen.

Margareteh *wirft sich zu ihm.*

O lass uns knien, die Heil`gen anzurufen!

Sieh: Unter diesen Stufen,

Unter der Schwelle

Siedet die Hölle!

Der Böse,

Mit furchtbarem Grimme,

Macht ein Getöse!

Faust *laut*

Gretchen! Gretchen!

Margarete *aufmerksam*

Das war des Freundes Stimme!

Sie springt auf. Die Ketten fallen ab.

Wo ist er? Ich hab` ihn rufen hören.

Ich bin frei! Mir soll niemand wehren.

An seinen Hals will ich fliegen,

An seinem Busen liegen!

Er rief: Gretchen! Er stand auf der Schwelle.

Mitten durchs Heulen und Klappern der Hölle,

Durch den grimmigen, teuflischen Hohn

Erkannt ich den süßen, den liebenden Ton.

Faust Ich bin`s!

Margarethe

Du bist s! O sag` es noch einmal!

Ihn fassend.

Er ist`s! er ist`s! Wohin ist alle Qual?

Wohin die Angst des Kerkers? Der Ketten?

Du bist`s! Kommst, mich zu retten!

Ich bin gerettet! -

Schon ist die Straße wieder da,

Auf der ich dich zum ersten Male sah.

Und der heitere Garten,

Wo ich und Marthe deiner warten.

Faust *fortstrebend.*

Komm mit! Komm mit!

Margarethe

O weile!

Weil` ich doch so gern, wo du weilest.

Liebkosend.

Faust Eile!

Wenn du nicht eilest,

Werden wir`s teuer büßen müssen.

Margarethe

Wie? Du kannst nicht mehr küssen?

Mein Freund, so kurz von mir entfernt,

Und hast`s Küssen verlernt?

Warum wird mir an deinem Halse so bang,

Wenn sonst von deinen Worten, deinen Blicken

Ein ganzer Himmel mich überdrang,

Und du mich küsstest, als wolltest du mich ersticken?

Küsse mich!

Sonst küss` ich dich!

Sie umfasst ihn.

O weh! Deine Lippen sind kalt,

Sind stumm.

Wo ist dein Lieben

Geblieben?

Wer brachte mich drum?

Sie wendet sich von ihm.

Faust Komm! Folge mir! Liebchen, fasse Mut!

Ich herze dich mit tausendfacher Glut;

Nur folge mir! Ich bitte dich nur dies!

Margarethe *zu ihm gewendet.*

Und bist du`s denn? Und bist du`s denn gewiss?

Faust Ich bin`s! Komm mit!

Margarethe

Du machst die Fesseln los,

Nimmst wieder mich in deinen Schoß.

Wie kommt es, dass du dich vor mir nicht scheust? -

Und weißt du denn, mein Freund, wen du befreist?

Faust Komm! Komm! Schon weicht die tiefe Nacht.

Margarethe

Meine Mutter hab` ich umgebracht,

Mein Kind hab` ich ertränkt.

War es nicht dir und mir geschenkt?

Dir auch! - Du bist`s! Ich glaub es kaum.

Gib deine Hand! Es ist kein Traum!

Deine liebe Hand! - Aber sie ist feucht!

Wische sie ab! Wie mich deucht,

Ist Blut dran!

Ach Gott! Was hast du getan!

Stecke den Degen ein!

Ich bitte dich drum.

Faust Lass das Vergangne vergangen sein!

Du bringst mich um.

Margarethe

Nein, du musst übrig bleiben!

Ich will dir die Gräber beschreiben,

Für die musst du sorgen

Gleich morgen:

Der Mutter den besten Platz geben,

Meinen Bruder sogleich daneben,

Mich ein wenig beiseit,

Nur nicht gar zu weit!

Und das Kleine mir an die rechte Brust!

Niemand wird sonst bei mir liegen! -

Mich an deine Seite zu schmiegen,
Das war ein süßes, ein holdes Glück!
Aber es will mir nicht mehr gelingen;
Mir ist, als müsst` ich mich zu dir zwingen,
Als stießest du mich von dir zurück,
Und doch bist du`s und blickst so gut, so fromm.

Faust Fühlst du, dass ich es bin, so komm!

Margarethe
Da hinaus?

Faust Ins Freie!

Margarethe
Ist das Grab drauß,
Lauert der Tod, so komm!
Von hier ins ewige Ruhebett
Und weiter keinen Schritt! -
Du gehst nun fort? O Heinrich, könnt` ich mit!

Faust Du kannst! So wolle nur! Die Tür steht offen.

Margarethe
Ich darf nicht fort; für mich ist nichts zu hoffen.
Was hilft es, fliehn? Sie lauern doch mir auf.
Es ist so elend, betteln zu müssen,
Und noch dazu mit bösem Gewissen!
Es ist so elend, in der Fremde schweifen,
Und sie werden mich doch ergreifen!

Faust Ich bleibe bei dir.

Margarethe
Geschwind! geschwind!
Rette dein armes Kind.
Fort! immer den Weg
Am Bach hinauf,
Über den Steg,
In den Wald hinein,

Links, wo die Planke steht,
Im Teich.
Fass es nur gleich!
Es will sich heben,
Es zappelt noch!
Rette! Rette!

Faust Besinne dich doch!
Nur einen Schritt, so bist du frei!

Margarethe
Wären wir nur den Berg vorbei!
Da sitzt meine Mutter auf einem Stein,
Es fasst mich kalt beim Schopfe!
Da sitzt meine Mutter auf einem Stein
Und wackelt mit dem Kopfe;
Sie winkt nicht, sie nickt nicht, der Kopf ist ihr schwer,
Sie schlief so lange, sie wacht nicht mehr -
Sie schlief, damit wir uns freuten.
Es waren glückliche Zeiten!

Faust Hilft hier kein Flehen, hilft kein Sagen,
So wag` ich`s, dich hinwegzutragen.

Margarethe
Lass mich! Nein, ich leide keine Gewalt!
Fasse mich nicht so mörderisch an!
Sonst hab` ich dir ja alles zu Lieb` getan.

Faust Der Tag graut! Liebchen! Liebchen!

Margarethe
Tag! Ja, es wird Tag! Der letzte Tag dringt herein;
Mein Hochzeitstag sollt` es sein!
Sag niemand, dass du schon bei Gretchen warst!
Weh meinem Kranze!
Es ist eben geschehn!
Wir werden uns wiedersehn;

Aber nicht beim Tanze.
Die Menge drängt sich, man hört sie nicht.
Der Platz, die Gassen
Können sie nicht fassen.
Die Glocke ruft, das Stäbchen bricht.
Wie sie mich binden und packen!
Zum Blutstuhl bin ich schon entrückt.
Schon zuckt nach jedem Nacken
Die Schärfe, die nach meinem zückt.
Stumm liegt die Welt wie das Grab!

Faust O wär` ich nie geboren!

Mephistopheles *erscheint draußen.*

Auf! Oder ihr seid verloren.
Unnützes Zagen! Zaudern und Plaudern!
Meine Pferde schaudern,
Der Morgen dämmert auf.

Margarethe

Was steigt aus dem Boden herauf?
Der! Der! Schick` ihn fort!
Was will der an dem heiligen Ort?
Er will mich!

Faust Du sollst leben!

Margarethe

Gericht Gottes! Dir hab` ich mich übergeben!

Mephistopheles *zu Faust.*

Komm! Komm! Ich lasse dich mit ihr im Stich.

Margarethe *erscheint draußen.*

Dein bin ich, Vater! Rette mich!
Ihr Engel! Ihr heiligen Scharen,
Lagert euch umher, mich zu bewahren!
Heinrich! Mir graut`s vor dir!

Mephistopheles

Sie ist gerichtet!

Stimme *von oben*

Ist gerettet!

Mephistopheles *zu Faust.*

Her zu mir!

Verschwindet mit Faust

Stimme von innen, verhallend.

Heinrich! Heinrich!

Inhaltsverzeichnis

„Faust I / Gretchen-Tragödie"

Zum Autor

Jahrgang 1944
                Geboren in Weimar / Jugend und Schulausbildung in Teltow bei Berlin
1964   Heirat und Übersiedelung nach Weimar / Studium - Elektrotechnik / Konstruktion
1968 / 1970 Zwei Söhne
bis 1990   Entwicklung von elektronischen Geräten
1991 – 2006 Selbständig im Bereich Wohn- und Möbeldesign / Produktdesign
ab 2006   Schriftstellerische Versuche / Computer - Grafik und Entwicklung diverser Videos (Grafik – Text - Musik) nach Lyrik von
R.-M.-Rilke,
Friedrich Nietzsche,
Christian Morgenstern,
Hermann Hesse
J. W. v. Goethe

Video - Veröffentlichungen
  zu sehen unter google / Eingabe:
  Thorolf Kneisz – You Tube

Die folgenden Videos bilden einen direkten Zusammenhang zu dem vorliegenden Buch

Video-Inszenierung
http://faust-1-und-2-inszenierung.com/

Video-Inszenierung
https://youtu.be/PhQdrd70v8I

Literatur – Veröffentlichungen

„Der Seiltänzer" Ein Märchen für Erwachsene, die ihre Kinderträume nicht vergessen können.

„Erzählungen" „Begegnungen"
„Die Zeit"
„Die Schlinge"

„Der Mann von Nazareth"
  Eine Fantasie in Wort und Bild

„Lyrik in Wort und Bild" - Rilke – Variationen
  63 der bekanntesten Gedichte Rainer Maria Rilkes in Verbindung mit grafischen Improvisationen